Was man über Föhr wissen sollte

Was man über Föhr wissen sollte

Georg Quedens

Ellert & Richter Verlag

Inhalt

Föhr –
Die Insel im Wattenmeer

itten im Nordfriesischen Wattenmeer, im Nationalpark und Weltnaturerbe, liegt die harmonisch abgerundete Insel Föhr, deren Formen nichts von der
geologischen Dramatik verraten, die in den letzten Jahrtausenden die Entwicklung an der schleswig-holsteinischen
Westküste bestimmt hat. Im Auf und Ab des Meeresspiegels,
durch das Hin und Her der Eiszeiten und der Warmzeiten
und im Gefolge großer Sturmfluten entstand eine Inselwelt
mit verwirrenden Formen: die großen Marscheninseln Pellworm und Nordstrand, die kleinen und großen Halligen und
die drei Geestinseln Sylt, Föhr und Amrum. Während die
Erstgenannten vor und nach Beginn der Zeitrechnung durch
einen damals viel höheren Meeresspiegel aus Sedimenten der
Nordsee abgelagert wurden, handelt es sich bei den drei
Geestinseln um Altmoränen der Eiszeit, vor allem der Saale-
eiszeit (von etwa 240 000 bis 150 000 vor Beginn der Zeitrechnung), die mit mächtigen Gletschern das nördliche
Europa überzog und riesige Sandmassen und Gerölle abla-
gerte, darunter die Geestkerne von Sylt, Föhr und Amrum.
Als aber vor etwa 12 000 Jahren die bisher letzte Eiszeit zu
Ende ging, die Gletschermassen wieder abschmolzen und das
Weltmeer in der bis heute andauernden Warmzeit wieder
anstieg, wurden auch die genannten hohen Geestinseln von
der Nordsee tangiert und voneinander getrennt. Insbesondere lag die Sylter Altmoräne im Angriff der Meeresbran-
dung, während die Insel Amrum auf wundersame Weise

durch die Nordsee gegen sich selbst geschützt wurde – durch das Vorlagern riesiger Sandbänke, die später die Fläche des Kniepsandes bildeten und die Sturmflutbrandung von der eigentlichen Inselküste fernhielten.

Fraglich bleibt, wie viel Substanz der Föhrer Geestkern in den letzten Jahrtausenden verloren hat. Findlinge im Westen der Insel und im Watt bei Goting deuten darauf hin, dass die Insel einst ausgedehnter war. Aber die oft publizierten, vom Kartografen Johannes Meyer um 1640 gezeichneten Landkarten über die Landverhältnisse vor 1300, die Föhr als große Insel in Verbindung mit der Nachbarinsel Amrum und dem Festland zeigen, sind reine Fantasiegebilde. Umso beachtlicher ist aber der Zuwachs an Marschenland im Windlee der Föhrer Geest im Norden, ein Vorgang, der erst in jüngster erdgeschichtlicher Zeit erfolgte. Von den rund 82 Quadratkilometern der Insel Föhr bestehen etwa 50 aus dieser fruchtbaren Marsch.

Aber erst Ende des 15. Jahrhunderts, in den 1490er Jahren, wurde diese Marsch in den Schutz eines Deiches einbezogen. Doch hatte ein Deich nicht die Notwendigkeit wie auf den Marscheninseln Pellworm und Nordstrand, weil die Föhrer Dörfer auf sturmflutsicheren Geesthöhen lagen. Einige Hügel in der Marsch deuten aber darauf hin, dass diese auch schon vor der Bedeichung von einzelnen Häusern besiedelt waren. Nach der Bedeichung setzte sich der „Anwachs", die Vergrößerung der Inselfläche durch Bildung von Marschen beziehungsweise Salzwiesen, fort. Insbesondere soll es nach dem Bau des Hindenburg-Dammes (1927) nach Sylt zu einer verstärkten Sedimentation gekommen sein.

Die Föhrer Südküste liegt – wie die übrige Insel – auf hoher Wattenfläche, deren geringe Wassertiefe den Brandungsauflauf erheblich mindert. Und außerdem befindet sich die Insel weitgehend im Wind- und Wellenschutz der westlich gelegenen Insel Amrum. Trotzdem verzeichnet die Föhrer Südküste einen zwar undramatischen, aber doch stetigen Abbau durch das Meer. Substanzverluste wurden deshalb in den letzten Jahrzehnten durch mehrfache Sandvorspülungen aus dem Watt (Utersum, Goting, Südstrand Wyk) oder durch Festwälle (Godel-Witsum) und Asphaltdeiche (Greveling-Nieblum) ausgeglichen – wobei allerdings das urtümliche Goting-Kliff seinen ehemaligen Charakter verlor. Nur an der Föhrer Südküste bei Hedehusum ist gegenwärtig noch das Kliffufer mit dem braunroten Geschiebelehm der saaleeiszeitlichen Altmoräne sichtbar. Durch die Sandaufspülung haben sich am Utersumer Strand sogar Dünen gebildet, die es auf Föhr früher nicht gab.

Die Föhrer Geest ist eine sanft gewellte Landschaft, deren höchste Punkte mit 13,20 Meter westlich von Oevenum und 11,30 Meter am Sylvert bei Witsum liegen. Im Durchschnitt erhebt sich die Föhrer Geest nur 2,50 bis 9 Meter über NN (Normalnull), bietet aber den 16 Dörfern und der Stadt Wyk eine relative Sicherheit vor den ganz großen Orkanfluten. Nur bei der „Jahrhundertflut" anno 1825 wurden Dorfteile von Nieblum und Oldsum von den Fluten erreicht. In Oldsum markierte lange ein Gedenkstein am sogenannten „Haus Fluthöhe" (um 1966 abgerissen) den Wasserstand in jener denkwürdigen Nacht, als zum bisher letzten Mal der Föhrer Deich brach, die ganze Marsch überflutet wurde, um die 6000 Schafe ertranken und zwei Menschen in den Trümmern ihrer Häuser ihr Leben verloren.

Dörfer und Stadt auf der Föhrer Geest sind von Bäumen eingehüllt und bieten aus der Ferne den Eindruck von Wäldchen. Nur die drei Kirchtürme St. Nicolai zu Wyk-Boldixum, St. Johannis bei Nieblum und St. Laurentii bei Süderende auf Westerlandföhr ragen über alles hinweg und sind die Wahrzeichen der Insel Föhr.

Die Föhrer Marsch war bis in die jüngste Zeit unbewohnt, ehe in den 1960er Jahren die „Aussiedlung" der Bauernhöfe aus den Inseldörfern begann und die Weite der Marsch mit einzelnen oder gruppenweise zusammengefassten „modernen" Höfen ein neues Bild erhielt. Gleichzeitig wurden im Bereich der Höfe und längs der Feldgrenzen Bäume in langen Reihen als Windschutz gepflanzt und setzten ganz neue Akzente in das frühere Landschaftsbild. Hier hatten bis dahin nur die geschlossenen „Wäldchen" der sechs Vogelkojen gelegen, deren Baumkronen über die Deiche ragend den anreisenden Föhr-Besuchern ins Auge fielen.

Das Tor zur Insel ist Wyk, ein Hafenort mit einem umfangreichen Hafengewese, einem Gewimmel von Masten der Segler, Krabben- und Frachtkutter und den Menschenströmen auf dem Fähranleger, die mit den Fähren der Wyker Dampfschiffs-Reederei abreisen oder angekommen sind und sich auf dem Weg zu ihren Ferienquartieren in den Straßen der Stadt verlieren. Wyk ist – seit 1819 – das älteste Seebad in Schleswig-Holstein und unverändert eines der bedeutendsten an der deutschen Nordseeküste. Dabei hat Wyk – von Ausnahmen abgesehen – sich weitgehendst dem Bebauungswahn der Nachbarinsel Sylt verschlossen und es verstanden, sich eine originelle Architektur und Gemütlichkeit zu bewahren.

Ackerumhof Die Föhrer Marsch war jahrhundertelang unbesiedelt. Nur die „Wäldchen" der → *Vogelkojen* ragten aus der grünen Ebene heraus – und der Ackerumhof als einzige, einsame Bauernstelle, 1834 in der Midlumer → *Marsch* vom Schmied Friedrich Suhr erbaut, 1850 wieder abgebrochen, aber 1892 durch den → *Wyker* Kaufmann M. Tantau neu errichtet. Nach Aufgabe der → *Landwirtschaft* wurde der Hof – im Besitz der Familie Martens – Mitte der 1990er Jahre als Ferienhaus umgestaltet. Zum Hof gehörte zeitweilig auch die 1766 eingerichtete → *Vogelkoje*, die früher beachtliche Entenfänge verzeichnete, aber seit 1970 nicht mehr in Betrieb und heute ein „Urwald-Paradies" ist.

Alkersum Das Friesenhausdorf in der Inselmitte gilt als eine der ältesten Siedlungen auf Föhr. Der friesische Name Alkersham wird als Heim des Ortsgründers Alkers gedeutet, so wie sich auch andere Föhrer Ortsnamen auf Personennamen beziehen sollen. Das Haufendorf Alkersum ist heute das kulturelle Zentrum von Föhr und Amrum, ja von ganz Nordfriesland! Denn hier befindet sich seit 1988 die von Frederik → *Paulsen* begründete → *Ferring Stiftung*, eine Institution, die mithilfe etlicher Angestellter und ehrenamtlicher Mitarbeiter die Geschichte beider Nordfriesischen Inseln durch Archivalien und ständige Forschung bearbeitet und die friesische Sprache fördert und erforscht.

Ebenfalls durch die Stifterfamilie Frederik Paulsen wurde im Jahr 2009 das → *Museum Kunst der Westküste* im Ortszentrum von Alkersum initiiert und im Beisein der dänischen Königin Margrethe II. eröffnet.

Altföhrer Haus Ältestes Friesenhaus auf der Insel Föhr, ursprünglich Haus Olesen aus dem Jahr 1617 in → *Alkersum*, im Jahr 1927 dort abgebrochen und neben dem → *Friesenmuseum* in → *Wyk* originalgetreu wieder aufgebaut.

Oben: Das Altföhrer Haus ist nach dem Abbruch in Alkersum am Friesenmuseum in Wyk originalgetreu wieder aufgebaut worden. Das beeindruckende Tor aus Walkiefern ist jüngeren Datums und erinnert an die Zeit der Föhrer Walfänger.

In Alkersum, dem Friesendorf in der Inselmitte, konzentriert sich das kulturelle Leben. Das Gemäldemuseum Kunst der Westküste und die Ferring Stiftung sind hier angesiedelt.

Unter dem holzverkleideten Giebel befindet sich eine typische Rundbogentür mit einem schmalen Flur, der durchgehend das Haus in zwei Teile trennt – in eine Wohn- und in eine Wirtschaftshälfte. Im Zentrum des Wohnteiles befindet sich die altertümliche Herdstelle mit Küche, Pesel und Stube, darin die Wandbetten, die man tagsüber mit Türen oder Vorhängen verschloss. Im Wirtschaftsteil dominiert die Tenne, die zum Dreschen des Getreides (mit Dreschflegeln) diente. Im nebenan liegenden Stall waren Boxen für Heu sowie Vieh nebst Schweinen und Hühnern eingerichtet. Für die Nordwand des Wirtschaftsteiles aber hatte man sich die Steine gespart und diese aus Grassoden aufgeschichtet. Ein mächtiges Balkenwerk verrät die frühere Bauweise der Friesenhäuser. Das Dach lag nicht auf den Hausmauern, sondern wurde von Ständern frei getragen.

Amrum Nachbarinsel von Föhr, den Horizont zur Nordsee begrenzend. Amrum ist nur 20 Quadratkilometer groß und besteht wie Föhr aus einem saaleeiszeitlichen Geestkern, der allerdings zur Hälfte von Dünen überlagert ist. Ebenso haben sich im Norden und Süden Dünennehrungen gebildet. Die nördliche, die Amrumer Odde, liegt kaum zwei Kilometer von → *Utersum-Föhr* entfernt und ist ein dicht von Möwen bevölkertes Vogelschutzgebiet. Auf der südlichen Nehrung liegt der 1890 gegründete Badeort Wittdün mit seiner „modernen", inselfremden Architektur. Die ganze Inselmitte ist von → *Wald* und Heide bedeckt. → *Landwirtschaft* wird nur noch von wenigen Bauernstellen betrieben. Es dominiert der → *Fremdenverkehr*. Wahrzeichen von Amrum ist der rund 60 Meter hohe Leuchtturm, der die Schiffe vor den gefährlichen Untiefen und Sandbänken warnt. Der Inselküste fest angeschlossen liegt im Westen eine riesige Sandbank, der Kniepsand, der die Insel – im Gegensatz zu → *Sylt* – vor den Sturmfluten der Nordsee schützt.

Die Nachbarinsel Amrum (20 Quadratkilometer groß) ist zur Hälfte von Dünen bedeckt. Hoch ragt der rotweiße Leuchtturm aus der Dünenlandschaft empor, gebaut 1875. Weil im Seebereich von Amrum Hunderte Schiffe strandeten – was von den Insulanern mit gewissem Wohlwollen registriert wurde –, spielte das Bergen von Schiffen und Schiffsgütern wegen der Bergelöhne eine beachtliche Rolle auf der Insel. Heute ist der Leuchtturm die meistbesuchte Attraktion auf Amrum.

Andersen, Hans Christian (1805–1875) Der in Odense auf Fünen geborene dänische Dichter wurde vor allem durch seine Märchen („Des Kaisers neue Kleider", „Das Mädchen mit den Zündhölzern", „Das hässliche Entlein", „Die Prinzessin auf der Erbse" u. v. a.) berühmt und machte sich auch mit empfindsamen Erzählungen einen Namen. Im Jahr 1844 hatte er die große Ehre, vom dänischen König Christian VIII. und seiner Gattin Caroline zu einem zehntägigen Aufenthalt in → *Wyk* auf Föhr eingeladen zu werden, als die Majestäten mit Hofgefolge hier ihre Sommerresidenz hatten. H. C. Andersen trug an der Tafel des Königs und vor anderen Hoheiten seine Märchen vor und begleitete den König zu einer Wildkaninchenjagd nach → *Amrum* sowie zu einem Besuch auf die → *Hallig* Oland, wo man „erschaudernd" den von einer Sturmflut verwüsteten Friedhof mit seinen aufgewühlten Gräbern in Augenschein nahm. Eine Tafel am Haus der Zeitung → *„Insel-Bote"* in der Großen Straße erinnert noch heute an diesen Besuch.

Arfsten – Braren – Wögens Zu den Eigenarten der einheimischen Inselbevölkerung gehören einige Vor- und Familiennamen, die es nur auf Föhr gibt. Dazu gehören unter anderem die obigen, die sich aus der früheren patronymischen Namensbildung aus dem Vornamen des Vaters bzw. Ehemanns, aus Arfst, Brar und Wögen, herleiten. Im Jahr 1771 wurde diese Namensbildung – wegen der Verwirrung unter den Behörden – zunächst auf → *Osterlandföhr* und ab 1828 auch auf → *Westerlandföhr* verboten und „beständige Familiennamen" verordnet. Aber es dauerte noch Jahrzehnte, bis sich diese Verordnung in der Bevölkerung durchgesetzt hatte.

Aussiedlung Bis Mitte des 20. Jahrhunderts bestand das Bild der Föhrer Dörfer in traditioneller Art – zwischen den Reihen der meist reetgedeckten Friesenhäuser die Bauernhöfe mit Scheunen, Ställen, Heubödem und Geräteschuppen, davor, oft an die Dorfstraße grenzend, die würzigen und dampfenden Misthaufen. Aber dann erfolgte durch staatliche Initiative eine Maßnahme, die das Bild der Dörfer und fast die gesamte Insellandschaft so veränderte, wie sie dem Besucher heute erscheint – durch Flurbereinigung und Aussiedlung im Rahmen des „Programms Nord" unter der Regie der Landwirtschaftskammer Schleswig-Holstein und des Amtes für Land- und Wasserwirtschaft. Zunächst ging es darum, die von der früheren Realteilung zerstückelten Landflächen – rund 15 000 Flurstücke von etwa 1600 Grundeigentümern – zusammenzulegen und die Anzahl der Feldflächen auf 5210 zu reduzieren, übrigens gegen den anfänglichen Widerstand der Föhrer Landeigentümer! Aber Ende der 1950er Jahre war die Flurbereinigung abgeschlossen und nach Ausbau von etwa 180 Kilometer asphaltierten Wirtschaftswegen konnte die Aussiedlung der Bauernhöfe aus den engen Dorflagen durchgeführt werden. Rund 50 Höfe wurden ausgelagert, davon die meisten in die Weite der bis dahin nur vom → *Ackerumhof* besiedelten → *Marsch*, die nun ein ganz neues Gesicht und eine neue Bedeutung erhielt. Zugleich wurde es nötig, durch ein umfangreiches Drainagenetz das Grundwasser zu senken und die Wasserlösung durch neue → *Schöpfwerke* bei → *Oldsum* und → *Wyk* zu gewährleisten. (In früheren Zeiten stand die Föhrer Marsch im Winter teilweise unter Wasser.) Ebenso wurden umfangreiche Windschutzanlagen gepflanzt und die „modernen" Höfe von Bäumen umhüllt. Sie liegen teils vereinzelt, oft aber zu mehreren konzentriert vor allem an der „Aussiedlerstraße" zwischen → *Boldixum* im Osten und → *Oldsum* im Nordwesten sowie an den Stichstraßen.

Austern Größte und bekannteste → *Muschel* der Nordseeküste, früher im Wattenmeer rund um Föhr auf Naturbänken vorhanden und wirtschaftlich genutzt. Doch waren die

Bänke landesherrliches Regal und wurden von einheimischen Fischkuttern im Auftrag befischt. Eigene Austernnutzung war den Insulanern streng verboten, aber bei tiefer Ostwindebbe wurde doch manche Mahlzeit heimlich aus dem → *Watt* geholt. Nach dem ungeklärten Verschwinden der einheimischen Auster (*Ostrea edulis*) hat sich seit den 1980er Jahren eine andere Art, die aus dem Nordpazifik stammende Felsenauster (*Crassostrea gigas*), an der Nordseeküste aus dem Laich von Austernzuchtanlagen so verbreitet, dass mancherorts die einheimische Miesmuschel verdrängt wird. Die Pazifische Felsenauster darf deshalb zum Schutz der Miesmuschel nach bestimmten Regeln für den Hausgebrauch gesammelt werden. Im Bereich von Föhr wurden vor allem die Spundwände und Bühnen des Fähranlegers → *Wyk* besiedelt. Dort sitzen diese rauschichtigen Schalen dicht an dicht.

Austernfischer Der Austernfischer ist der „Allerweltsvogel" des Wattenmeeres und der häufigste Brutvogel auf Föhr. Kaum eine Fenne in der → *Marsch* ohne ein Austernfischerpaar. Aber auch auf der → *Geest*, der Feldmark, auf den Salzwiesen des → *Vorlandes*, ja sogar auf den Flachdächern großer Häuser in → *Wyk* fehlt dieser lebhafte und ruffreudige Vogel nicht. Jahrelang brütete sogar ein Paar auf einem Strandkorb inmitten des Badelebens am Wyker Strand! Aber → *Austern* kann dieser markante Vogel nicht fischen. Vielmehr stochert er mit seinem derben Schnabel Würmer und Insekten aus dem Inselboden und dem → *Watt* und kann auch Miesmuscheln öffnen sowie die Panzer der Strandkrabben knacken. Neben den Brutvögeln halten sich zahlreiche junge und alte Nichtbrüter in Scharen am Föhrer Ufer auf, zum Beispiel an der → *Godelmündung* oder auf den Strandwällen des Vorlandes.

Auswanderung Noch um die Mitte des 20. Jahrhunderts hieß es, dass es in Amerika mehr gebürtige Föhrer gibt als auf

Oben: Der Austernfischer ist der häufigste Brutvogel auf Föhr und ist auch auf Hausdächern innerhalb der Ortschaften zu finden. Zugleich ist er sehr ruffreudig, sodass sein Geschrei fast ganzjährig in der Luft und in der Landschaft zu hören ist. Die Jungen sind „Nestflüchter" und werden gleich nach dem Schlüpfen von den Eltern durch das Gelände geführt.

Zu den regelmäßigen Funden am Strand und im Watt gehören die handgroßen, rauschichtigen Schalen der Austern, vor allem der häufig gewordenen Pazifischen Felsenauster (Foto), die man sammeln darf, um eine Übervermehrung zu verhindern.

der Insel selbst. Grund war die zeitweilig konzentrierte Auswanderung, die Mitte des 19. Jahrhunderts begann, als Goldfunde in Kalifornien zahlreiche Europäer veranlassten, ihr Glück in der Neuen Welt zu suchen. Auch etliche Föhrer Seeleute, die auf Handelsschiffen unterwegs waren, schlossen sich dem Goldrausch an. Aber die eigentliche Auswanderung begann erst nach dem Krieg zwischen Preußen/Österreich und Dänemark im Jahr 1864 und dem damit verbundenen Staatswechsel. Die Inselfriesen, seit 1735 von Kriegsdiensten zu Lande durch den dänischen König befreit, mussten plötzlich unter Preußen eine drei Jahre dauernde Militärpflicht absolvieren und die → *Seefahrt* nach neuen Regeln über Prüfungen für höhere Schiffsränge betreiben. Beides bedeutete erhebliche Einschränkungen der vorher zügigen seemännischen Laufbahn. Insbesondere junge Männer – die Zukunft des Landes – entzogen sich den Auflagen durch Auswanderung. Mit der Zeit entschwanden ganze Familie nach Übersee. Die Auswanderung verstärkte sich erneut nach dem Ersten und dem Zweiten Weltkrieg, verbunden mit den Nöten im Deutschen Reich, und bald gab es keine Familie mehr auf Föhr, die nicht Angehörige in den USA hatte. Schwerpunkte der Auswanderung waren New York, wo zahlreiche Insulaner in Delikatessenläden arbeiteten, sowie Kalifornien mit Zentrum in → *Petaluma*, wo sich Föhrer in der → *Landwirtschaft* und als Hühnerfarmer betätigten. Die Verbundenheit der Inselfriesen in New York wird seit 1884 durch den heute noch bestehenden „Föhr-Amrumer Krankenunterstützungsverein" dokumentiert.

Badeleben – Badekarren Im Jahr 1819 wurde in → *Wyk* die „Badeanstalt" durch den Gerichtsvogt von → *Colditz* gegründet und Wyk damit das erste Seebad an schleswigholsteinischen Meeresküsten. Aber entsprechend den

Oben: Am Wyker Strand stehen hübsche Badekarren. Aber sie dienen nur noch musealen Zwecken und verraten kaum, wie „gesittet" in der guten, alten Zeit das Badeleben im getrennten Damen- und Herrenbad vor sich ging.

Wyk in der guten alten Zeit. Gebadet wurde von Badekarren aus, die mit Pferden ins Wasser gezogen und nach Ablauf der vorgeschriebenen Badezeit und dem Hissen einer kleinen Signalfahne wieder herausgezogen wurden.

damaligen Moralansichten war das Badeleben in sittliche Normen eingebunden. Damen- und Herrenbad waren räumlich voneinander getrennt und es bestanden Vorschriften über die Art der Badebekleidung noch bis in die Jahre nach 1900. Zu den Eigentümlichkeiten gehörte auch das Baden von Badekarren aus, die in Reihen am Wyker Strand standen und ihrer Benutzung harrten. Wer baden wollte, löste beim Badewärter ein Billet, stieg in einen Karren und kleidete sich um. Dann zog ein Ross das Gefährt nebst Inhalt – Badegast – in die Nordsee, so weit hinaus, bis die Wellen an die Radachse klatschten. Ross und Reiter trotteten wieder an Land, dann öffnete sich die Badekarrentür und der Schwimmer vertraute sich über eine Treppe der Nordsee an. Zeitweilig ging vorab eine Jalousie herunter, um Badende gegen neugierige Blicke vom Strandpublikum zu schützen. Nach vorschriftsmäßiger Badezeit, sechs- bis siebenmaligem Untertauchen, verschwand der Badegast wieder im Karren, kleidete sich landfein und setzte eine Signalfahne. Ross und Reiter traten in Aktion und zogen Karren und Kurgast an Land!

Balckstein Mächtiger → *Findling* im → *Watt* nordwestlich von → *Dunsum*. Hier soll der → *Sage* nach einst ein Dorf namens „Balckum", vielleicht auch „Blessum" gelegen haben, das in einer mittelalterlichen Sturmflut unterging.

Bernstein Versteinertes Harz aus Bernsteinkiefern, die vor Jahrmillionen im Bereich von Skandinavien und der nördlichen Ostsee wuchsen. Durch die Gletschervorstöße der → *Eiszeit* und der Schmelzwasserströme wurde der Bernstein mit dem Geröll an die Ost- und Nordseeküste verfrachtet. Bedeutende Funde in vor- und frühgeschichtlicher Zeit und der Handel mit diesen Schmucksteinen quer durch Europa bis in die Mittelmeerländer leitete die Hochkultur der Bronzezeit auf den Geestinseln → *Sylt*, Föhr und → *Amrum* ein. Bernsteine erkennt man gegenüber anderen gelb schimmernden Steinen am Strand am leichten Gewicht und dem Durchschimmern des Lichtes. Außerdem kann Bernstein brennen, daher der Name. An Föhrer Stränden ist Bernstein so selten geworden, dass sich eine Suche nicht lohnt – auch nicht für Inselgäste, die Zeit wie Heu haben!

Biiken heißt ein Brauchtum aus heidnischer Zeit, das als Frühlingsfeuer, aber auch als Opferfeuer für den Germanengott Wotan und neuerdings auch als eine Art Abschiedsfest für die im Februar abreisenden Walfänger und Seefahrer gedeutet und am Abend des 21. Februars in allen Dörfern der Insel Föhr abgebrannt wird. Die Dorfjugend hat Wochen vorher Brennmaterial gesammelt und die „Biike-Bonker" auf traditionellen Stätten aufgestapelt. Auch die Erwachsenen leisten einen Beitrag. Alte Schuppen- und sonstige Holzreste, aber auch Bäume und Gestrüpp aus den Hausgärten werden zum „Biike-Bonk" befördert und auf diese Weise entsorgt. Der Klerus versuchte seinerzeit diesen heidnischen Brauch abzuschaffen bzw. mit einem christlichen Datum, Petri Stuhlfeier am 22. Februar, zu verbinden, mit zweifelhaftem Erfolg. Als negative Begleiterscheinung für die → *Kirche* wurde nun am „Piadersdai" (Petritag) eine in Lumpen gehüllte Strohpuppe, der „Piader", als Negativsymbol verbrannt. Besonders auf der Nachbarinsel → *Sylt* entwickelte sich das Biiken zum Volksfest. Aber auch auf Föhr endet das Biiken mit einem Besuch in einer → *Gaststätte* oder zu Hause mit Grünkohlessen.

Boldixum ist eines der ältesten Dörfer auf Föhr. Darauf weist die → *St. Nicolaikirche* aus der Zeit um 1230/40 hin. Auf dem Friedhof stehen noch Reihen kunstvoller → *Grabsteine* von Commandeuren und Kapitänen, aber auch von Müllern und anderen Persönlichkeiten. Politische Geschichte machte Boldixum, als sich hier im Jahr 1426 in der Nicolai-

Oben: Wie fast alle alten Brauchtümer geht auch das „Biikefeuer" auf die heidnische Zeit zurück. Es soll ursprünglich eine Art „Frühlingsfeuer" nach Überwindung der harten Winterzeit gewesen sein und wurde dann später als Abschiedsfeuer für die ausfahrenden Walfänger und Handelsseefahrer gedeutet. Am 21. Februar lodern in fast allen Dörfern auf den Nordfriesischen Inseln die „Biikefeuer" auf.

Boldixum, das „Mutterdorf" der Stadt Wyk, wurde früh gegründet. Darauf weist die Kirche aus dem 13. Jahrhundert hin. Die Bedeutung als „Kirchdorf" ist geblieben, denn längst gehört auch Wyk dazu, das es nie zu einer eigenen Kirche gebracht hat. Von Boldixum aus begann die Besiedlung an der Wyk, der Bucht am Ostufer der Insel. Das Dorf hat vieles von seiner Ursprünglichkeit bewahrt wie hier die Dorfstraße.

kirche die Ratsmänner von sieben friesischen → *Harden* – von der Pellworm-, Beltring-, Wieding-, Böking-, Horsbüll- und der Osterharde Föhr sowie → *Sylt* – versammelten, um sich auf eine friesische Gesetzgebung, die „Siebenharden- beliebung", zu einigen. Es fehlte die Westerharde Föhr, die nicht zum Herzogtum Schleswig, sondern als Enklave zum Königreich Dänemark gehörte. Boldixum ist auch das „Mutterdorf" von → *Wyk*. Boldixumer Schiffer begannen nach der Versandung eines bis → *Midlum* reichenden Was- serlaufes auf dem → *Sandwall* „an der Wyk", der Bucht am Ostufer von Föhr, eine Station für ihre Schiffer und Lager- häuser zu errichten. Schließlich kam auch eine Gastwirt- schaft dazu – Grundstock des späteren Ortes. Im Jahr 1924 erfolgten die Eingemeindung des Mutterdorfes Boldixum in die Stadt Wyk und die Übertragung der großen Grund- fläche für die weitere Entwicklung der Ortschaft, die bis dahin sehr beengt war.

Borgsum Der Dorfname Borgsum begründet sich auf die nördlich gelegene → *Borgsumer Burg*, die auch als „Lem- becksburg" bekannt ist. In einer „Burgurkunde" des Jahres 1360 erfolgt ein erster Hinweis darauf und anno 1462 wird Borgsum im Zinsbuch, einer Steuerliste des Bischofs zu Schleswig, urkundlich erwähnt. Das hinsichtlich seiner Infrastruktur mit Handel, Handwerk, → *Landwirtschaft* und Tourismus wohl ausgestattete Dorf hat etwa 450 Ein- wohner bei einer Gemeindefläche von 547 Hektar. Im Jahr 2006 meldete Borgsum knapp 3500 Feriengäste, hat aber seinen inselfriesischen Charakter weitgehend in einem geschlossenen Ortsbild bewahrt. Nachdem einige ausge- wanderte Föhrer aus Amerika zurückgekehrt waren, wur- den bei Borgsum nach kalifornischem Muster in den 1930er Jahren Hühnerfarmen angelegt, die unverändert als Legebatterien („Föhrer Landei") in Betrieb sind. In den 1970er Jahren wurden über 100 000 Hühner in Borgsum gezählt. Zu den Wahrzeichen des Dorfes gehört eine → *Mühle*, die noch bis 1978 in Betrieb war, zuletzt durch Elektromotoren betrieben. Seit Anfang der 1990er Jahre im Besitz der Familie → *Paulsen*, dienen die Mühlenräumlichkeiten heute kulturellen Veranstaltungen. Ebenso gehört eine → *Vogelkoje* zum Gemeindegebiet. In Borgsum hat sich eine Besonderheit der friesischen Sprache, des → *Fering*, entwickelt. Wo in den anderen Dörfern der „Weg" als „Wai" gesprochen und geschrieben wird, sagt man in Borgsum „Woi", ebenso für das Ei „Oi" usw.

Borgsumer Burg Die Borgsumer „Burg" nördlich des Dorfes ist ein etwa zehn Meter hoher, 450 Meter langer Ringwall, der einen früheren Burghof umschließt. Vom Landesamt für Vor- und Frühgeschichte mehrfach, zuletzt mit modernsten Methoden untersucht, konnte das Rätsel dieser mächtigen Anlage nicht vollständig geklärt werden. (Eine ähnliche, aber kleinere Burg liegt bei Tinnum auf → *Sylt*.) Die Anlage wird in die → *Wikingerzeit* um 900 datiert, aber bis heute ist ungewiss, ob als Fluchtburg der einheimischen Bevölkerung gegen das skandinavische Raubrittervolk oder von diesen als Station auf ihren Eroberungszügen längs der europäischen Küsten errichtet. Neuerdings schließen Archäologen auch nicht aus, dass es sich um religiöse Kultanlagen für die Kommunikation mit den mächtigen Himmels- und Schicksalsgöttern (Thy, Thor, Wotan und andere) gehandelt haben könnte, die den Wikingern und den im 8./9. Jahrhundert hier eingewanderten Friesen zu eigen waren. Eine kernige Ballade des → *Oevenumer* Lehrers Lorenz Conrad → *Peters* über den Lehensritter Claus Lembeck begründete dann in den 1920er Jahren den Begriff „Lembecksburg" und als solche ist sie noch heute bekannt. Spätere Forschungen haben aber ergeben, dass Claus Lembeck wohl zeitweilig Lehensherr über nordfriesische Inseln war, aber weder die Burgen

Oben: Borgsum, auf hoher Geest in der Inselmitte liegend, hat seinen Namen von der mittelalterlichen „Burg" im Norden des Dorfes. Sie ist aber keine Burg im üblichen Sinne mit Mauern, Türmen und Zinnen, sondern ein mächtiger, bis zehn Meter hoher und etwa 450 Meter langer, runder Erdwall, dessen genaue Entstehungszeit und Zweck bis heute ungeklärt blieben.

Traktoren haben die früheren Mengen der Pferde auf Föhr längst vom Acker gedrängt. Aber für den Reitsport von Jung und Alt spielen sie unverändert eine große Rolle, wobei die Huftiere auch für den Fremdenverkehr eine Attraktion sind. „Betuchte" Inselgäste nehmen ihre eigenen Pferde von Zuhause mit, stellen sie wie hier nahe Borgsum in die Ställe der Inseldörfer ein und lassen sie auf der „Grünen Insel" grasen.

erbaute noch je darin gewohnt hat und auch nicht vom dänischen König Waldemar vertrieben wurde, wie es die Ballade vermittelt.

Brandgans (fries. Berigan = Bergente) Die Brandgans gehört mit ihrem farbenprächtigen und kontrastreichen Gefieder zu den auffälligsten Vögeln im Wattenmeer, auf Föhr in der → *Godelniederung* und am Deichvorland, aber auch an Wasserkuhlen in der → *Marsch* zu beobachten. Der irreführende Name „Bergente" beruht auf der Tatsache, dass die Brandgans sich gerne an Hügeln aufhält, weil es dort Wildkaninchenhöhlen gibt. Wegen ihres bunten Federkleides brütete diese Art nämlich in Höhlen. Auf Föhr aber gab es ursprünglich keine Wildkaninchen; diese wurden erst Ende der 1940er Jahre von interessierten Jägern dort ausgesetzt. Bis dahin legten etliche Föhrer Landwirte in den Ackerwällen oder in Hügeln in Strandnähe künstliche Höhlen an, die sich an der Rückseite öffnen ließen, um aus dem umfangreichen Gelege eine bestimmte Anzahl Eier – sozusagen die „Bezahlung" für den Höhlenbau – zu entnehmen.

Braren → *Arfsten – Braren – Wögens*

Braren, Lorenz Auf dem frühgeschichtlichen Gräberfeld Monklembergen südöstlich der → *St. Laurentiikirche* erinnert ein mächtiger → *Findling* mit Namen und Lebensdaten an diesen bedeutenden Föhrer. Lorenz Braren wurde 1886 geboren und machte sich als Ingenieur, Erfinder und Fabrikant in Markt Indersdorf nordwestlich von München einen Namen, blieb aber zeitlebens mit der Heimatinsel Föhr verbunden, wo er dank seines Vermögens in vielfältiger Weise (Legate, Sprachenpflege, Westerlandföhrer Chöre und Trachtengruppen, Bibliothek im → *Friesenmuseum* Wyk) wirkte. Seine für Föhr bedeutendste Leistung war aber die Erforschung und die Herausgabe von drei Bänden über „Geschlechterreihen St. Laurentii-Föhr" mit den Namen und Daten aller Einwohner der St. Laurentii-Gemeinde vom Ende des 16. Jahrhunderts an. Am 7. Februar 1953 starb Lorenz Braren und wurde auf dem St. Laurentii-Friedhof begraben. Eine Fortsetzung der Geschlechterreihen bis zu den Generationen der Gegenwart erfolgte durch Johann Lorenzen.

Braren, Oluf Erst lange nach seinem Tod wurde Oluf Braren „als Maler von Föhr" anerkannt und sein Werk gewürdigt. Geboren im Jahr 1787 in → *Oldsum*, sollte er nach dem Willen seines Vaters, des Schmiedes Brar Braren, ebenfalls Schmied werden, entschied sich aber für den damals schlecht bezahlten Beruf des Lehrers. Nach autodidaktischer Bildung fand er auf → *Sylt* eine Anstellung und dort auch seine Frau Merret Wilhelms, Tochter des Archsumer Bauern Wilhelm Lorenzen. Mit ihr kehrte er anno 1808 nach Föhr zurück und erhielt in → *Utersum* eine Anstellung als Lehrer. Die Ehe blieb kinderlos. Unglücklicherweise verliebte sich Oluf Braren in eine frühere Schülerin, Ing Matzen, und hatte mit ihr zwei Kinder. Außereheliche Verhältnisse waren damals etwas ganz Unerhörtes und Oluf Braren wurde mit Degradierung seines Lehreramtes bestraft. Ungeachtet dieser Lage malte er Tier- und Menschenporträts und Szenen aus dem Inselleben, ehe er 1839 starb. Aber erst 1920 wurde sein Name durch Wilhelm Niemeyer und den Kunsthistoriker Gravenkamp in dem Buch „Oluf Braren – der Maler von Föhr" bekannt und erhielt die verdiente Würdigung.

Colditz, Hans Friedrich Karl von (1776–1872) Begründer des Seebades → *Wyk*. Für Wyk war es von großer Bedeutung, als der Genannte im Jahr 1818 als Gerichtsvogt nach Föhr berufen wurde, aber nicht – wie damals noch üblich – seinen Wohnsitz in → *Nieblum*, sondern in Wyk nahm. Hier verspürte der badefreudige Gerichtsvogt die gesundheitliche Wohltat des Badens in der Nordsee und regte die

Anlage eines „Seebades" an, nachdem der Husumer Physikus Dr. Thomas Friedlieb und der Apotheker Becker eine günstige Analyse des Nordseewassers am Föhrer Strand erstellt hatten. Die Gründung des Seebades war auch insofern von Bedeutung, als der vorher von der männlichen Föhrer Bevölkerung betriebene → *Walfang* und die Handelsseefahrt im Gefolge der Napoleonischen Kriegswirren in eine schwere Krise geraten waren und neue Wege der Existenz gesucht werden mussten. Dazu kam die Schuldenlast für den Flecken nach dem → *Hafenbau* im Jahr 1806. Nach Gründung einer Aktiengesellschaft wurden zunächst warme Seebäder in einem Gebäude in Strandnähe angeboten, ehe dann → *Badekarren* für Naturbäder am Strand aufgestellt wurden. Als der Gerichtsvogt von Colditz 1824 Föhr verließ, um als Bürgermeister in Oldesloe zu wirken, war der Grundstein zum Seebad gelegt.

Deich Der Deich ist das größte Werk von Menschenhand auf Föhr. Mit einer Länge von etwa 23 Kilometern, einer Höhe von bis zu acht Metern über NN und einer Breite des Deichfußes von bis zu 50 Metern umspannt der Deich – beginnend am → *Hafen* von → *Wyk* bis zur → *Geest* bei → *Utersum* – die Weite des Föhrer Marschenkooges als Schutz gegen die Sturmfluten der Nordsee. Der Deich soll in den 1490er Jahren vollendet worden sein, wobei es sicherlich einige Auseinandersetzungen zwischen den beiden → *Harden* → *Osterlandföhr* und → *Westerlandföhr* gab. Diese werden auch hinsichtlich der Deichunterhaltung und Reparatur nach Sturmfluten in späterer Zeit dokumentiert und gingen so weit, dass sogar ein separater Deich auf der Grenze zwischen den beiden Inselharden im Gespräch war. Erst seit dem Jahr 1950 gibt es einen gemeinsamen Deich- und Sielverband mit einem Deichgrafen an der Spitze. Verglichen mit den Deichbauten auf den Marscheninseln Pellworm und Nordstrand erfolgte der Bau auf Föhr relativ spät. Es bestand aber auch keine Notwendigkeit eines Deichschutzes, weil die Dörfer auf der höheren Geest lagen, die von Sturmfluten kaum erreicht wurde. Die Wirtschaft der Inselbevölkerung bezog sich auch mehr auf die → *Seefahrt*, aber trotzdem wurde der → *Landwirtschaft* in der → *Marsch* – damals nur Viehweide und Heumahd – eine gewisse Bedeutung beigemessen, denn sonst hätte sich die Bevölkerung den gewaltigen Aufwand der Erdarbeiten eines Deiches gespart. Der erste Föhrer Deich wird auch eher ein Sommerdeich gewesen sein, ausreichend, um Vieh und Heu vor den weniger gefährlichen Sommersturmfluten zu schützen. Im Lauf der Jahrhunderte ist der Deich aber immer wieder verstärkt und erhöht worden, wobei er im Westen vor Utersum und → *Dunsum* lange Zeit aus einem Gemisch von Tang und Sand bestand und mit Steinen belegt war. Am 3./4. Februar 1825 durchbrach eine Sturmflut zum bisher letzten Mal den Deich und überflutete die gesamte Inselmarsch, wobei um die 6000 → *Schafe* ertranken. Schwer beeinträchtigt wurde der Deich auch bei der Orkanflut am 16./17. Februar 1962, sodass eine umfangreiche Deichverstärkung notwendig wurde. Zuletzt erfolgte sie in den Jahren 2009/10 bei → *Oldsum* auf einer Strecke von etwa vier Kilometern. Kosten: 12 Millionen Euro. Neben einem finanziellen Beitrag zu den Deichkosten waren die entsprechend betroffenen Inselbewohner auch zur Deichpflege, dem Besticken des Deiches mit Stroh, verpflichtet.

Denkmal – Monument An der Autostraße zwischen → *Nieblum* und → *Wyk* erinnert eine klassizistische Säule auf einem kleinen Hügel an den Besuch des dänischen Königs Frederik VI. im Sommer 1824, als der Monarch auf einer Inselreise die abgelegenen Teile seines Reiches – Nordstrand, Pellworm, → *Hallig* Hooge (→ *Amrum*), Föhr und → *Sylt* – besuchte, von der Bevölkerung entsprechend der

Der Deich umspannt die Weite der Föhrer Marsch von Wyk bis Utersum und schützt insbesondere die Aussiedlungshöfe, die ohne Warftuntergrund zu ebener Erde liegen. Der

Deich bedarf ständiger Reparaturen. Wichtig sind auch die „Rasenmäher", die Schafe, die den Boden gegen den Befall von Wühlmäusen schützen und die Grasnarbe kurz und dicht halten.

damaligen Hochachtung und Loyalität gegenüber dem Königshaus gehuldigt wurde und am 28. Juni in Nieblum Taufpate bei der Tochter Frederike Marie des Birkvogtes Nielsen war. Der Gedenkstein trägt die dänische Inschrift „Frederik besuchte 1824 die Insel: Der Stein bewahrt seinen Namen – das Herz sein Andenken" (Stenen bewahrer hans Navn, Hjertet hans minde). Die Grundsteinlegung des „Monuments", wie es auf Föhr genannt wird, erfolgte am 8. August 1824. Schon ein Jahr später besuchte der dänische König erneut die Inselwelt, um nach der verheerenden Sturmflut im Februar 1825 Hilfe zu bringen. Wegen eines „Land unters" konnte er nach dem Besuch der Hallig Hooge diese nicht für die Weiterfahrt verlassen, musste in der guten Stube der Kapitänswitwe Stienke Hansen übernachten und gab diesem Raum den heutigen Namen „Königspesel", wegen der Ausstattung eine viel besuchte Attraktion der Hallig.

Dunsum Dorf an der Föhrer Nordwestküste, aus zwei Ortsteilen, Klein- und Groß-Dunsum, bestehend. Seit 1995 anerkannter „Erholungsort", bietet Dunsum seinen jährlich bis zu 1500 Gästen ländliche Gemütlichkeit mit dem Wattenmeer und der Nordsee hinter einem hohen → *Deich* und dem Blick zu den Nachbarinseln → *Sylt* und → *Amrum*. Bei Dunsum beginnt die → *Wattenwanderung* nach Amrum und hier kommen umgekehrt während der Saison Zehntausende von Amrumer Gästen an Land für die Weiterfahrt nach → *Wyk*.

Eiszeit Die fast eine Million Jahre bis in die jüngste erdgeschichtliche Gegenwart dauernde Kälteperiode mit dem Wechsel von Eiszeiten und Warmzeiten hat wie kein anderes Naturereignis die Geologie Nordeuropas und damit auch die der drei Geestinseln → *Sylt*, Föhr und → *Amrum* bestimmt. Insbesondere hat der Gletschervorstoß der bislang größten Eiszeit, der Saale-(Riss-)eiszeit, etwa in der

Dunsum besteht aus zwei Ortsteilen, Klein- und Groß-Dunsum, zählt etwa 85 Einwohner und meldet jährlich rund 13 300 Übernachtungen von Kurgästen. Wie in anderen Föhrer Dörfern unterliegt auch Dunsum dem Bevölkerungswandel. Etliche der alten Bauernhöfe sind an Auswärtige verkauft, die hier Ferien- oder Eigentumswohnungen eingerichtet haben.

An der Autostraße zwischen Nieblum und Wyk erinnert eine schlichte Säule, auf Föhr „Monument" oder „Denkmal" genannt, an den Aufenthalt des dänischen Königs Frederik VI., der im Sommer 1824 den äußersten Winkel seines Imperiums, die Nordfriesischen Inseln und Halligen, besuchte, die als Enklaven feste Teile des dänischen Reiches waren (Listland-Sylt, Westerlandföhr-Amrum) oder zum dänischen Gesamtstaat gehörten.

Zeit von 240 000 bis 150 000 vor Beginn der Zeitrechnung die Landschaft gestaltet und die Erd- und Sandschichten der genannten Inseln als Moränenablagerung geprägt. Ebenso sind auch alle Geröllе, Feldsteine und → *Findlinge* aus dem skandinavischen Raum mit den Gletschern in unsere Heimat gelangt. Der eiszeitliche Boden wird → *Geest* genannt und erreicht auf Föhr seine höchsten Punkte mit reichlich 11 und 13 Metern südwestlich von → *Oevenum* und am Sylvert bei → *Witsum*. Die letzte Eiszeit (Würmeiszeit) ging vor etwa 12 000 Jahren zu Ende und infolge der Erderwärmung und dem Abschmelzen der Eismassen von Polkappen und Hochgebirgen ist das Weltmeer bis zur Gegenwart um mehr als 100 Meter gestiegen. Das Hin und Her der Eis- und der Warmzeiten wird vor allem der Sonnenaktivität zugeschrieben, in der Gegenwart aber unter dem Stichwort „Erwärmung des Erdklimas" auch gerne von den Medien für Panikmeldungen missbraucht.

Elmeere Naturschutzverein auf der landwirtschaftlich intensiv genutzten Insel Föhr. Gegründet 1993 und geführt durch Dieter Risse, → *Wyk*, kauft der von Spenden und Sponsoren getragene Förderkreis zum Schutz landschaftstypischer Natur und Wildtiere e. V. in der Föhrer → *Marsch* Landflächen auf, um diese zu renaturieren, wozu auch die Wiedervernässung durch Wasseraufstau gehört. Insgesamt hat der Verein bis dato rund 80 Hektar aus vorheriger landwirtschaftlicher Nutzung in den Naturzustand zurückgeführt und dadurch insbesondere für Wiesen- und Wasservögel Brut- und Rastplätze geschaffen. Er ist damit die bedeutendste Naturschutzorganisation auf Föhr.

Fasan Die ursprüngliche Heimat dieses Hühnervogels – ein kupferfarbener, langschwänziger Hahn und eine fahlgelbe, gefleckte Henne – ist Ostasien, wo er in verschiedenen Rassen, mit oder ohne weißem Halsring vorkommt.

Kein anderes Naturereignis hat in den letzten Jahrhunderttausenden das Landschaftsbild so geprägt wie die Eiszeit. Das Hin und Her von Warmzeiten und Kälteperioden hat bis zur Gegenwart zu einem Anstieg des Meeresspiegels von bis zu 100 Metern geführt. Aber auch die Bodenschichtungen der drei Geestinseln Sylt, Föhr und Amrum wurden als Moränenablagerungen von den Gletschern der Eiszeit bestimmt.

Schon im Mittelalter wurde der Fasan nach Europa als Ziervogel in Königs- und Klostergärten eingeführt, aus denen er teilweise verwilderte. In späteren Jahrhunderten spielte er für Flintenjäger und Falkner eine zunehmende Rolle. Als Jagdwild wurde der Fasan Anfang der 1930er Jahre – nach einem zunächst fehlgeschlagenen Versuch – auf Föhr eingebürgert und hat sich hier zeitweilig so stark vermehrt, dass die Jahresstrecke bis zu 3000 Hähne betrug und Hennen als Lebendfang zum Festland verkauft werden konnten. Fasane bevölkern nicht nur die Föhrer Landschaft, sondern sind auch in fast allen größeren Gärten und an den Dorfrändern zu sehen. Im Frühjahr besetzt der Hahn ein Revier und kräht sich einen „Harem" von Hennen zusammen, die dann alleine für die Brut mit bis zu 15 Eiern im Nest zuständig sind. Die Küken sind Nestflüchter und finden unter Führung der Henne selbst Nahrung.

Fering – Föhrer Friesisch Sprache der einheimischen Inselbewohner, die in einigen Dörfern auf → *Westerlandföhr* noch von über 80 Prozent gesprochen wird – wenn man die in den letzten Jahren zunehmenden „hochdeutschen" Neusiedler herausrechnet. Das Föhrer Friesisch ist aber ungeachtet der räumlichen Nähe nicht ganz identisch. Sprachforscher unterscheiden das Fering auf Westerlandföhr, auf → *Osterlandföhr* und im südlichen Teil von Föhr. Beispielsweise sagen die Bewohner von → *Borgsum* zum „Weg" nicht „Wai", sondern „Woi" und zum deutschen „nicht" ein bräsiges „äi" statt „ei". Ansonsten aber ist die Sprache gleich und die auf Westerlandföhr gesprochene Mundart sehr nahe mit dem Öömrang, dem Amrumer Friesisch, verwandt. Das Problem der Sprache in Nordfriesland ist die Zersplitterung in zahlreiche Dialekte (Sölring-Sylt, Fering-Öömrang-Föhr-Amrum, Haluner-Helgoland und die eigenständigen Dialekte auf den → *Hal-*

ligen und auf dem Festland in der Wiedingharde, der Bökingharde und das Mooringer Frash). Seit etwa 150 Jahren bildet das Friesische keine neuen Wörter mehr, sodass die Unzahl neuer Begriffe aus Technik, Kultur usw. aus dem Hochdeutschen übernommen werden müssen. Sehr spät, erst im „Alkersumer Protokoll" des Jahres 1971, kam es zur Festlegung der Schreibweise. Und erst in jüngster Zeit werden Inselbesucher durch die Zweisprachigkeit von Straßen und Ortsnamen auf die Existenz des Friesischen öffentlich hingewiesen.

Ferring Stiftung Die heute hinsichtlich ihres Archivs, ihrer Forschungen und ihrer Veröffentlichungen bedeutendste Kulturinstitution in Nordfriesland wurde im Jahr 1988 durch Frederik → *Paulsen* gegründet und in → *Alkersum* etabliert. Zweck der Stiftung war und ist die Erforschung aller Lebensbedingungen der Bewohner von Föhr und → *Amrum* und im weiteren Kreis in Nordfriesland, die Förderung der friesischen Sprache und die Unterstützung medizinischer Projekte, insbesondere der Neuroendokrinologie, Publikationen zur Geschichte von Föhr und Amrum, die Sammlung aller noch vorhandenen Archivalien in auswärtigen Archiven, die Veranstaltung von Symposien und Frühschoppengesprächen, die finanzielle Förderung von Arbeiten über die beiden Inseln und neuerdings der Betrieb friesischer Radiosendungen. Außerdem ist die Ferring Stiftung Sammelstelle von historischen Fotografien und vermittelt großzügige und in der Regel kostenlose Hilfe für Familien- und Geschichtsforschung von Insulanern. Einige hauptamtliche Angestellte und ehrenamtliche Laienkräfte gehören zur „Besatzung" der Stiftung.

Feuerwehr Die Freiwilligen Feuerwehren gehören zu den wichtigsten Institutionen in → *Wyk* und draußen in den Inseldörfern. Fast jeder Ort hat noch heute seine eigenständige Inselwehr, die zeitweilig regelrechten Kultstatus

Oben: Die Feuerwehren spielen auf Föhr traditionell eine große Rolle, bedingt durch die Brandgefahr vor allem der Reetdachhäuser, die an den Dorfstraßen oft nahe zusammenstehen. Noch bis um 1900 gab es in fast allen Dörfern Nachtwächter, die auf Feuergefahren achten sollten. Trotzdem gab es mehrfach verheerende Brandkatastrophen, sowohl in Wyk als auch in den Dörfern, wobei häufig Pyromanen eine unheilvolle Rolle spielten.

Mächtige Findlinge im Watt westlich und nördlich von Föhr sind Zeugen der Eiszeit. Eingefroren in riesigen Gletschern wurden sie von Skandinavien in unseren Raum transportiert und dienten in der Steinzeit vor 5000 Jahren dem Aufbau von Grabkammern für die Bestattungen von Häuptlingen. Andere Findlinge wurden als Schutz von Deichfüßen oder für das Aufsetzen von Wällen rund um die Friedhöfe verwendet.

genießt. Feuerwehrhauptmänner, heute Wehrführer, gehörten zu den angesehensten Persönlichkeiten in den Dörfern und machten sich auf den jährlichen Stiftungsfesten mit kernigen Reden einen bleibenden Namen. Kommers und Feuerwehrball waren die wichtigsten Ereignisse im Jahreslauf. Die Freiwilligen Feuerwehren wurden alle in der zweiten Hälfte des 19. Jahrhunderts gegründet und mussten in Dörfern mit vielen Reetdachhäusern und der damit verbundenen Brandgefahr immer wieder ihre Schlagkraft beweisen. Reetdachhäuser sind nicht selten das Ziel von Pyromanen, die Brandstiftung betreiben. Besonders dramatisch war eine Brandserie in den 1970er Jahren, als in → *Midlum* in kurzer Zeit neun Häuser angezündet wurden und es auch in → *Wrixum* und → *Alkersum* brannte.

Findlinge Auf der Föhrer → *Geest*, in Friesen- und Kirchhofswällen erinnern mächtige graue Findlinge an das Wirken der → *Eiszeit*, deren Gletscher diese und alle anderen Steine von Skandinavien in unseren Inselraum geschoben haben. Auch die Steinkammern der Steinzeit wurden aus Findlingen aufgebaut – noch sichtbar unter anderem am → *Deich* bei → *Utersum*. Auch draußen im → *Watt* zwischen Föhr und → *Sylt* und südlich von → *Goting* liegen mächtige Findlinge als Zeugen früherer Landflächen im Bereich von Föhr.

FKK – Badeleben Das → *Badeleben* konzentriert sich naturgemäß auf das Seebad → *Wyk*, wo am Strand vor dem → *Sandwall* auch bei Niedrigwasser gebadet werden kann, während die anderen Föhrer Strände – → *Südstrand*, → *Nieblum*, → *Goting*, → *Hedehusum*, → *Utersum* – bei Ebbe trocken liegen und nur über die Stunden des Hochwassers Badeleben ermöglichen. Auf Föhr gibt es auch zwei FKK-Strände, am Greveling bei Wyk und am Strand von Goting. Allerdings können diese bescheidenen Badebezirke nicht mit dem FKK-Strand bei Buhne 16 von Kampen auf → *Sylt* konkurrieren und haben bis dato auch noch keine Schlagzeilen geliefert. Kein Wunder! Gibt es doch kaum etwas Harmloseres und Antierotischeres als FKK-Badestrände.

Fliesen, eher als Kacheln bekannt, erinnern in etlichen Stuben auf Föhr an die jahrhundertelange Beziehung der Seefahrer zu Holland. Von dort brachten vor allem Commandeure und Kapitäne mit entsprechendem Einkommen vom 17. bis zum 19. Jahrhundert Fliesen mit, um auf der Heimatinsel die Stuben zu schmücken. Der Bedarf an Fliesen war dann zeitweilig so groß, dass nicht nur in der Gegend von Delft „Tegelbakkerien", Ziegelbäckereien, sondern auch in Makkum (Westfriesland) und Umgebung weitere Werkstätten entstanden. Dabei ist die Fliese keine holländische Erfindung. Sie wurde schon im alten Persien und Ägypten produziert und kam ab Anfang des 8. Jahrhunderts aus dem Orient nach Europa, zuerst nach Spanien. Die dortigen Fliesen waren mit südländischen und arabischen Motiven bunt bemalt, während holländische Fliesen landschaftliche Motive wie → *Mühlen* und Schiffe, aber auch Menschen zeigen. Besonders beliebt waren Darstellungen aus der biblischen Geschichte, und wer es sich als Schiffsführer leisten konnte, brachte auch Tableaus mit Walfangszenen und Handelsschiffen mit nach Föhr. Fliesen, meist blau, aber auch braun bemalt, vermittelten in den Stuben eine besondere Atmosphäre (den Duft der großen, weiten Welt). Aber in den Jahrzehnten des Modernisierungs-Wahnes, in den 1960/70er Jahren, wurden in zahlreichen Föhrer Häusern Fliesen von den Wänden gebrochen, angeblich, „weil Kurgäste nicht in altmodischen Stuben wohnen mögen". Heute sind diese Wände tapeziert.

Wenn Seefahrer nach langer Reise
nach Hause kamen, brachten sie aus
holländischen Hafenstädten Fliesen
(Kacheln) mit, um die Wände ihrer
Stuben zu schmücken. Hier ein
Küstenfrachter, mit dem die Walfänger
und Seefahrer im Frühjahr zu den
holländischen und hanseatischen
Handelshäfen befördert wurden.

Flugplatz Schon 1926 wurde nordwestlich von → *Wyk*, damals noch auf der Gemeindeflur von → *Boldixum*, ein kleiner Flugplatz eingerichtet, vermutlich durch Initiative des Wyker Bürgermeisters Dr. Meyer. Bald konnte Wyk während der Sommersaison in den Seebäderflugdienst mit Junkers-Ganzmetallflugzeugen nach Flensburg, Kiel und Hamburg einbezogen und Werbeflüge für Agfa (Foto) und Trumpf (Schokolade) durchgeführt werden. Der heutige Flugplatz ist 20 Hektar groß und gehört zu 51 Prozent der Stadt Wyk und zu 49 Prozent der → *Wyker Dampfschiffs-Reederei* als Betreiber. Neben etlichen Privatflugzeugen unterhält die Westküstenflug vier Flugzeuge für Rundflüge und für den Taxidienst nach → *Sylt* zwecks Weiterflug vom Flugplatz Westerland.

Föhr wird in der friesischen Sprache der Insulaner „Feer" genannt, aber die Bedeutung dieses Namens ist ungeklärt und alle bisherigen Interpretationen sind fragwürdig. Es darf nur angenommen werden, dass die von Holland kommenden Friesen bei ihrer Einwanderung im 8./9. Jahrhundert den Inselnamen geprägt haben. Ebenso ist aber auch der Name der Insel → *Sylt* hinsichtlich seines Ursprungs unbekannt. Lediglich für die Nachbarinsel → *Amrum*, friesisch Oomram, lässt sich die Deutung „Oom" = unfruchtbar und „Ram" = Rand- bzw. Sandhöhe belegen. Föhr ist 82 Quadratkilometer groß und besteht zu zwei Fünftel aus Geestland, der saaleeiszeitlichen Altmoräne, und zu drei Fünftel aus fruchtbarer → *Marsch*, die seit Ende des 15. Jahrhunderts bedeicht ist. Föhr trägt neben der Stadt → *Wyk* 16 Dörfer, → *Boldixum*, heute ein Ortsteil von Wyk, dazugerechnet, und meldet gegenwärtig (um 2010) eine Gesamtbevölkerung von rund 8600. Föhr war in früheren Jahrhunderten die volkreichste der drei Geestinseln, bedingt durch die Fruchtbarkeit des umfangreichen Marschenlandes, das mehr Einwohner ernähren konnte als die benachbarten Düneninseln Sylt und Amrum. → *Walfang* und Handelsseefahrt bestimmten in der Zeit vom 16. bis zum 19. Jahrhundert das Inselleben und keine andere Region auf der Welt stellte in dieser Zeit so viele Seefahrer wie Föhr. Erst im Lauf des 19. Jahrhunderts begann die → *Landwirtschaft* zu dominieren und bis weit in das 20. Jahrhundert hinein prägten kleine und große Bauernhöfe die Ortsbilder Föhrer Dörfer – bis ab 1960 nach vorheriger Flurbereinigung rund 50 Bauernstellen in modernen Höfen in die Marsch und auf der Geest ausgesiedelt wurden und die Landschaft ein ganz neues Gesicht erhielt. Die Stadt Wyk hatte sich aber schon früh, als erstes Seebad an schleswig-holsteinischen Küsten, ab 1819 den → *Fremdenverkehr* erschlossen und entwickelte sich bis dato zu einem der bedeutendsten Badeorte an deutschen Küsten. Aber auch in → *Nieblum* und → *Utersum* regte sich der Fremdenverkehr, ebenso in anderen Dörfern und in den → *Aussiedlungshöfen* („Urlaub auf dem Land").

Föhrer Friesisch → *Fering*

Fremdenverkehr Der Fremdenverkehr ist heute die dominierende Erwerbsquelle auf Föhr, nicht nur in der Badestadt → *Wyk*, sondern auch auf dem Land. Hier melden die Dörfer zusammen eine durchschnittliche jährliche Übernachtungszahl von rund 635 000. Rechnet man, dass ein Kurgast täglich rund 80 Euro für Zimmer, Essen, Veranstaltungen usw. ausgibt, werden in den Föhrer Dörfern insgesamt über 50 Millionen Euro umgesetzt. Die Stadt Wyk meldet für das Jahr 2010 an Übernachtungen rund 1,275 Millionen. Der Fremdenverkehr dominiert heute in fast allen Lebensbereichen der Insel, beginnend mit der → *Wyker Dampfschiffs-Reederei* und ihrer Personen- und Autobeförderung, zu den Einnahmen aus der Zimmervermietung für Kleinvermieter bis hin zu den Hotels, den → *Gaststätten* und Geschäften. Und fast alle politischen

Beschlüsse von Gemeinde- und Stadtvertretungen beziehen sich direkt oder indirekt auf den Fremdenverkehr.

Friesen Nordseegermanische Küstenbevölkerung, ursprünglich in den → *Marschen* der Rheinmündung siedelnd, wanderten über Westfriesland (Nordholland) und Ostfriesland in mehreren Wellen im 8./9. Jahrhundert in das heutige Nordfriesland ein, wo sie eine von der vor- und frühzeitlichen Bevölkerung weitgehend verlassene Landschaft vorfanden. Der Kampf mit den Naturgewalten der Nordsee, die Tragödien großer Sturmfluten, Menschen- und Landverluste, der Deichbau und → *Küstenschutz* und später die Bewährung bei → *Walfang* und Handelsseefahrt ließen die Friesen bald in der Literatur als eine „kernige" Volksgruppe besonderen Mutes und Tatkraft erscheinen. Die abgelegene Lage auf den Inseln bedingte eine weitgehende Selbstständigkeit des Insellebens und die Ablehnung staatlicher Obrigkeit. Der Freiheitswille der Friesen wurde sprichwörtlich und fand einen Ausdruck in noch heute bekannten Sprüchen wie „Lewer duad üs slaaw" (Lieber tot als Sklave). Die friesischen Völkerschaften sind jedoch auf die drei Länder Niederlande, Deutschland und Dänemark verteilt und haben nie eine politische Einheit gebildet. Erst Mitte des 19. Jahrhunderts kam eine Bewegung auf, deren Ziel die Gemeinsamkeit der friesischen Stämme an der Nordseeküste war, aber bald in die Auseinandersetzung zwischen Deutschland und Dänemark geriet, die mit dem von Bismarck ausgelösten Krieg im Jahr 1864 und der dänischen Niederlage gegen Preußen und Österreich zur Lösung Nordfrieslands aus dem dänischen Gesamtstaat führte. Bemerkenswert bis heute bleibt die Tatsache, dass sich wohl die aus einer eigenen Einwanderungswelle stammenden Bewohner auf dem Festland in ihren friesischen Dialekten Friesen (Frasche, Friisken) nennen, nicht aber die Bewohner der drei Geestinseln → *Sylt*, Föhr und

→ *Amrum*, die ihre Volkszugehörigkeit nach den jeweiligen Inseln, den Sölringen (Sylt), den Feeringen (Föhr) und den Öömrangen (Amrum) bezeichnen.

Friesenfahne – Friesenwappen „Gul, ruad an blä", gold, rot und blau sind die Farben der Friesenfahne, die von manchen Fahnenstangen (fries: „Flügger") an Föhrer Häusern weht oder als Farbstreifen den Fähren der → *Wyker Dampf-schiffs-Reederei (WDR)* aufgemalt sind. Die Fahne und ihre Farben haben aber keinen historischen Bezug. Sie sind erst um 1900 im Gefolge erwachenden Friesentumes öffentlich kreiert worden. Das gleiche gilt für das Friesen-wappen (siehe Abb. Seite 49 unten) mit den drei Feldern Königskrone, Grütztopf und Kaiseradler, das ursprünglich als Familienwappen eines festlandsfriesischen Pastors zu Papier gebracht wurde, sich aber in der Auseinanderset-zung zwischen deutsch und dänisch in der zweiten Hälfte des 19. Jahrhunderts, oft in Verbindung mit dem Spruch „Lewer duad üs slaaw" als eine Art Kampfemblem gegen Dänemark missbraucht wurde. Tatsächlich ist das Wappen in keinem Verzeichnis der offiziellen Heraldik zu finden und als „Schreibtischkonstruktion" ohne historischen Hintergrund. Nicht einmal die Bedeutung der einzelnen Felder ist heute bekannt. Nur als Symbol des Friesentums ist das Friesenwappen von Bedeutung geblieben.

Friesenhaus Die historischen Häuser in den Inseldörfern wer-den allgemein Friesenhäuser genannt. Typische Merkmale sind die niedrigen Mauern mit Sprossenfenstern, über Rundbogentüren ein Giebel und ein relativ hohes, mit → *Reet* gedecktes Dach. Der Giebel soll auf Anordnung der dänischen Regierung gebaut worden sein, um eine sichere Flucht bei Feuer aus dem Haus zu sichern und die herab-fallenden brennenden Reetgarben beiderseits der Tür zu teilen. Im Gegensatz zu den auf → *Sylt* verbreiteten Spitz-giebeln haben die Föhrer (und Amrumer) Friesenhäuser aber überwiegend Backengiebel, deren Breite noch die Einrichtung einer Stube im Dachboden ermöglichte. Im Übrigen diente der Dachboden in früheren Jahrhunderten vor allem der Lagerung von Heu für die Fütterung des Viehs im Winter. Ältere Friesenhäuser waren im Inneren durch einen Flur von der Haus- bis zur Gartentür in der Mitte in einen Wohn- und Wirtschaftsteil getrennt. Im Wirtschaftsteil befanden sich Stall und Scheune und andere Räumlichkeiten für → *Landwirtschaft* oder Fischereigerätschaften, während sich im Wohnteil Küche, die Wohnstube („Dörnsk" oder „Pesel") und die Schlafkammern für die Hausbewohner befanden. Die Schlafstellen waren aber in der Regel in Form von Wandbetten in die Stuben integriert, oft im Bereich der Herdstelle, um im Winter Wärme zu garantieren. Die Stuben von wohlhabenden Commandeuren und Kapitänen waren oft ganz oder teilweise mit → *Fliesen* (Kacheln) geschmückt, die von Seefahrern über holländische Häfen zu den Heimatinseln befördert worden waren. In der zweiten Hälfte des 20. Jahrhunderts hat sich das Bild der Friesenhäuser jedoch verändert. Die Nebenbei- und Kleinlandwirtschaft wurde zugunsten des → *Fremdenverkehrs* reduziert und die früheren Heuböden im Dachgeschoss mit Ferienzimmern ausgebaut. Dadurch erhielten die Dächer Gauben mit Fenstern. Ein gleiches Bild bieten auch die zahlreichen Neubauten in den Inseldörfern im Fremdenverkehrs-Friesenstil. Historische Friesenhäuser, oft noch inmitten eines großen Grundstücks mit Obstbäumen, sind seit Jahrzehnten von auswärtigen Inselfreunden, aber auch Immobilienmaklern sehr begehrt und erzielen Preise, die weit über dem Realwert liegen. Dies hat zum Verkauf von Häusern und Grundstücken aus einheimischem Familienbesitz an Auswärtige geführt, sodass insbesondere junge Föhrer Familien kaum noch Möglichkeiten finden, sich auf der Heimatinsel anzu-

Nieblum auf Föhr gilt als eines der
schönsten Dörfer der Bundesrepublik.
Ganze Straßen sind noch von Friesenhäusern geprägt, die zur Straßenseite
hin ihre Giebel mit den Rundbogentüren und ein mächtiges reetgedeck-
tes Dach zeigen.

siedeln. Und zunehmend ziehen Immobiliengeier, die drüben auf → *Sylt* alle Knochen abgenagt haben, ihre Kreise über Föhr.

Friesenmuseum Das aus dem eigentlichen Museumsgebäude, dem → *Altföhrer Haus* und der → *Midlumer* Scheune bestehende Friesenmuseum wurde im Jahr 1908 von Dr. Carl → *Häberlin* in → *Wyk* begründet und gilt hinsichtlich seiner Ausstattung als eines der besten in Nordfriesland. Ein Torbogen aus Walkieferknochen erinnert an die große Zeit der Inselfriesen, an den → *Walfang,* und auch in den Innenräumen sind etliche Zeugen der „Grönlandfahrt" aufbewahrt. Weitere Räume bieten über zwei Etagen von der Steinzeit an wichtige Zeugnisse aus der Föhrer Kulturgeschichte, von der Jahrhunderte dauernden Epoche der → *Seefahrt,* der Erdgeschichte mit den Bodenfunden aus Vor- und Frühzeit, dem Volksleben mit den Trachten aus früheren Jahrhunderten bis zur gegenwärtigen → *Friesentracht* und der Geschichte des Seebades Wyk. Sehr gut ist auch die Abteilung Natur ausgestattet, vor allem mit den Zug- und Brutvögeln der Insel Föhr, die von kundigen Präparatoren in der ersten Hälfte des vorigen Jahrhunderts gesammelt worden sind. Ebenso sind → *Jagd* und der Entenfang in den → *Vogelkojen* dokumentiert. Das Altföhrer Haus vermittelt einen Eindruck früherer Wohnkultur, und in der „Guten Stube" kann man sich standesamtlich trauen lassen.

Friesentracht Auf Föhr nach der Insel kurz „Fering" genannt, heißt die heute noch an insularen Festtagen (Konfirmation, Hochzeiten etc.) getragene sowie von Volkstanzgruppen bei öffentlichen Anlässen gezeigte Tracht, deren auffälligstes Merkmal ein aus Silberfiligran gefertigtes Gliederband, die „Panzerkette" ist, dessen Mittelstück mit den Symbolen Glaube, Liebe und Hoffnung geschmückt ist. Filigranketten und zwölf Silberknöpfe vervollständigen

Friesenwappen (siehe Friesenfahne) – oft gezeigt, zwar ohne historische Grundlage, aber mit den drei Feldern Königskrone, Grütztopf und Kaiseradler ein volksverbindendes Symbol auf den Nordfriesischen Inseln.

Das älteste Friesenhaus auf der Insel, ursprünglich in Alkersum stehend und nach dem Abbruch am Friesenmuseum Wyk wieder aufgebaut: So wohnten die Friesen früher.
Die Küche von Haus Olesen hat eine Herdstelle, auf der über dem offenen Feuer gekocht wurde. Darüber der Abzug, der den Rauch durch den Schornstein nach draußen abführte. Unter dem Herd befindet sich der Backofen, der bequem bedient werden konnte, indem man sich in ein direkt vor dem Herd im Boden eingelassenes Sitzloch stellte.

diesen Brustschmuck, der den Trägerinnen eine besondere „Hoheit" verleiht. Die Kopfhaube ist zusammengefaltet fast so groß wie ein Tischtuch und mit Fransen behängt. Das Haar ist zu einem Zopf geflochten und liegt gerundet dem Kopf der Trägerin auf. Ein schwarzes, mit Perlen besticktes Tuch als Einlage in der Haube zeigt, dass die Trägerin verheiratet ist. Junge Mädchen und Frauen tragen in der Regel eine weiße Schürze, um die ansonsten sehr dunkle und ernst wirkende Tracht freundlicher zu gestalten. Neben dieser eigentlichen Festtagstracht wurde und wird auch die Sonntagstracht ohne weiße Schürze und Brustschmuck von älteren Frauen getragen, während die Arbeitstracht, die noch bis Mitte des vorigen Jahrhunderts auch bei Arbeiten auf dem Feld getragen wurde, mit den Alten weggestorben ist. Die heutige Friesentracht (Fering) hat sich erst um die Mitte des 19. Jahrhunderts entwickelt, nachdem die Vielzahl der früheren Trachten zu Feiern in Familie und → *Kirche* zwischen Geburt und Tod um 1800 im Gefolge der Napoleonischen Kriegswirren und dem vorläufigen Ende der Seefahrerzeit aus dem Inselleben verschwunden war.

Friesenwappen → *Friesenfahne*

Galgenberg hieß ein inzwischen überbauter Hügel am → *Friesenmuseum* in → *Wyk*. Es war der mittelalterliche Richtplatz auf → *Osterlandföhr*, als eine strenge Justiz Diebstahl mit dem Tod bestrafte und junge Mädchen als Hexen verbrannt wurden. Hinsichtlich des Wyker Galgenberges sind aber keine Vollstreckungen von Todesurteilen bekannt geworden.

Gaststätten Auf Föhr gibt es eine Fülle von Gaststätten, solche mit großen Sälen für Feuerwehrbälle und Vereinsfeste mit Hunderten von Plätzen und kleine, gemütliche Lokale, die oft in alten Friesenhäusern eingerichtet sind und eine anheimelnde Atmosphäre vermitteln. Etliche dieser Lokale

Föhr war früher die Insel der Trachten-
vielfalt, aber auch sie unterliegen dem
Wandel der Mode, und es war ein
Glück, dass um 1800 die Porträtmaler
Rieter und Senn die damaligen Trachten im Bild festhielten, weil sie bald –
nach dem Niedergang der Seefahrt –
aus dem Inselleben verschwanden.
Die heutige Tracht hat sich dann
erst Mitte des 19. Jahrhunderts neu
entwickelt.

Besonders eindrucksvoll in ihrer
Schlichtheit war die Trauertracht auf
der Insel Föhr, die es zu verschiedenen Zeiten in zwei Arten gab: erstens
als weißes Kleid mit großem samt-
schwarzen Kopftuch, „Suregkap"
(Trauerkappe) genannt, und zweitens
als ganz schwarzes Kleid mit großem
weißen Tuch und einem ebenfalls
schwarzen Trauerkopftuch. Weiß,
nicht Schwarz, war ursprünglich die
Farbe der Trauer in Nordfriesland.

haben aber nur in der Saison, andere ganzjährig geöffnet. Spezialität: Miesmuscheln und Föhrer Wildente aus den → *Vogelkojen* sowie Wild, → *Hasen* und → *Fasane* aus den Inseljagdrevieren, Krabben aus dem Fang eigener Kutter und Lammfleisch von Lämmern, die auf Föhrer Deichen grasten (Deichlamm).

Geest Inselboden der saaleeiszeitlichen Altmoräne als sanft gewelltes Hügelland mit den höchsten Erhebungen (13,20 Meter) südlich von Oevenum sowie am Sylvert (11,30 Meter) westlich von → *Witsum* und bei den Grabhügeln → *Tribergen* südwestlich von → *Utersum* (12,20 Meter). Gebietsweise liegt die Föhrer Geest aber nur wenige Meter über dem Meeresspiegel, so zwischen → *Goting* und → *Nieblum*, und verzeichnet zwischen Witsum und → *Hedehusum* eine auffällige Einbuchtung mit der → *Godelniederung*. Die Geest umfasst auf zwei größeren Blöcken auf → *Westerland-* und → *Osterlandföhr* etwa 33 Quadratkilometer der 82 Quadratkilometer großen Insel, trägt 16 Dörfer und die Stadt → *Wyk* und wird überwiegend landwirtschaftlich genutzt. Doch weist der Boden keine hohe Fruchtbarkeit auf. Geest heißt „Güüst" = unfruchtbar.

Gezeiten Föhr ist eine Gezeiteninsel und keine andere Nordseeinsel wird rundum so auffällig von Ebbe und Flut geprägt wie Föhr. Mit Ausnahme des Badestrandes → *Wyk* fällt bei Ebbe die Nordsee weit zurück, im Westen bei → *Utersum* und → *Dunsum* sowie im Norden bis hinüber nach → *Sylt* und hinauf bis zum Hindenburgdamm, nach Osten bis zum Festland und nach Süden und Südwesten bis zum Wattenstrom Norderaue und zur Nachbarinsel → *Amrum*. Die Flutwelle kommt von Südwesten über die Norderaue und das Vortrapptief und umschließt Föhr erst wenige Stunden vor Hochwasser. Der Tidenhub, der Unterschied zwischen Niedrigwasser und Hochwasser, beträgt etwa drei Meter.

Der südliche Inselteil besteht aus einer saaleeiszeitlichen Altmoräne, deren Sandschichten an den Kliffs der Südküste zutage treten. Geest ist die Ableitung von Güüst und heißt unfruchtbar. Dies war auch das Merkmal der Föhrer Geest, die früher über weite Flächen mit Heide bedeckt war und erst nach Aufhebung der Feldgemeinschaft (Allmende) Ende des 18., Anfang des 19. Jahrhunderts kultiviert wurde.

Glockenturm Seit seiner Gründung zu Anfang des 17. Jahrhunderts gehörte → *Wyk* zum Kirchspiel → *St. Nicolai* in → *Boldixum*. Zu einer eigenen, dem Wachstum und der Bedeutung des Ortes entsprechenden → *Kirche* hat es in Wyk nie gereicht. Stattdessen wurde im Jahr 1701 ein hölzerner Glockenturm gebaut, der jedoch im Jahr 1824 durch einen Sturm umgeweht wurde. Nun wurde beschlossen, einen steinernen Turm zu errichten. Aber der Flecken Wyk steckte wegen des → *Hafens* und zweier Brände (1759, 1869) in Schulden, sodass erst 1886 der Grundstein des heutigen Turmes gelegt werden konnte. Der Glockenturm wurde dann nicht nur als Ersatz für das ferne, kaum hörbare Läuten der Kirche St. Nicolai in Boldixum verwendet, sondern diente auch als Spritzenhaus für das Aufhängen der Feuerwehrschläuche. Bei einer „patriotischen Gedenkfeier" im Juli 1989 wurde an der Turmmauer eine Tafel „zur Erinnerung an die Befreiung Föhrs von dänischer Herrschaft und den Anschluss an das deutsche Vaterland am 18. Juli 1864" enthüllt. „Den befreienden deutschen Brüdern (Preußen und Österreich) zur Ehr, den befreiten, einst bedrohten Föhrern zur Lehr. Wahre treu, was schwer errungen!" (eine Zeile aus dem Schleswig-Holstein-Lied). Die „Befreiung" erklärt sich wohl aus der Stimmung jener Zeit. Denn Föhr, das mit → *Westerlandföhr* seit Jahrhunderten zum Königreich Dänemark gehörte, → *Osterlandföhr* dagegen ein Teil des Herzogtums Schleswig im dänischen Gesamtstaat war, wurde im eigentlichen Sinne nicht befreit. Sie hatten friedlich und freiheitlich unter der dänischen Krone gelebt und die Befreiung von Kriegsdiensten genossen. Im neuen Staat Preußen bzw. im Deutschen Reich aber mussten auch die Föhrer ihre strenge Militärpflicht absolvieren, sodass eine umfangreiche Flucht der jungen Männer nach Amerika erfolgte. Und die Gedenktafeln der Kriegstoten

Der Glockenturm ist trotz seiner
geringen Höhe das Wahrzeichen von
Wyk. Er wurde sozusagen als Ersatz
für einen nie zustande gekommenen
Kirchturm im Jahr 1701 zunächst aus
Holz gebaut. Doch erfüllte sich 1824
die Befürchtung des damaligen
Pastors Asmussen, dass der Turm bei
einem Sturm umfallen könnte. Er
wurde dann mit Ziegelsteinen neu
errichtet und blieb in dieser Form bis
heute erhalten.

auf den drei Inselfriedhöfen aus dem Ersten und Zweiten Weltkrieg vermitteln einen anderen Eindruck der „Befreiung". Geblieben ist aber die Bedeutung des Turmes als Wahrzeichen von Wyk.

Gmelin, Dr. Carl (1863–1941) Der schwäbische Arzt und Vertreter der Naturheilkunde kam 1889 nach Föhr, kaufte am → *Südstrand* von Boldixumer Bauern eine umfangreiche, damals noch für die → *Landwirtschaft* genutzte Fläche und ließ durch den Münchener Architekten August Endell (1871–1925) im süddeutschen Stil ein Nordseesanatorium errichten, dem später weitere ähnliche Gebäude sowie Holzhäuser zugefügt wurden. Auf dem umfangreichen Kurgelände wurden Bäume angepflanzt, die wider Erwarten an der windigen Föhrer Südküste gediehen und bald einen umfangreichen Park begründeten. Im Jahr 1899 wurde der Nordsee-Kurhof ergänzt durch ein Pädagogium, weil die Hälfte der Patienten aus Kindern bestand. Leiter des „Pädags" war längere Zeit der Schwager von Dr. Gmelin, der Lehrer Otto Mensendieck. Aber um 1930 geriet die Anlage in finanzielle Schwierigkeiten und wurde an die Reichspost in Berlin verkauft. Dr. Gmelin engagierte sich dann für zwei Jahre im ebenfalls von ihm initiierten → *„Kurheim"* bei → *Utersum*, wo er gegen Wetter und Warnungen wiederum durch Aufforstungen einen windgeschützten Park anlegen ließ. Ein Gedenkstein am Grünstreifen des Wyker Südstrandes erinnert noch heute an den schwäbischen Arzt, der das Nordseesanatorium und das Pädagogium sowie die Besiedlung des Wyker Südstrandes begründete.

Godel (fries. „Guartel") heißt ein Wasserlauf durch eine Salzwiesenniederung am Ufer von → *Witsum*, der zum Teil als Vogelschutzgebiet ausgewiesen ist. Die Godel ist aber kein eigentlicher Fluss mit Quelle, sondern speist sich aus den Niederschlägen der Föhrer → *Geest*, beginnend südöstlich von → *Hedehusum*.

Golfplatz Schon im Jahr 1926 wurde durch die Betreiber des Nordsee-Kurhofes ein umfangreicher Golfplatz angelegt, der aber heute nicht mehr genutzt wird und vorwiegend als Lebensraum für Wildkaninchen dient. Nach Kriegsende konnte der Golfplatz ab 1950 zunächst mit neun Bahnen wieder eröffnet werden, geriet aber mit dem Kurhofgelände bald in eine anhaltende Immobilienspekulation, sodass ein neuer Platz gefunden werden musste. Dies gelang durch den damaligen Vorsitzenden Knud Knudsen, der 1966 den Golfclub Föhr gründete und in Verhandlungen mit der Landesregierung westlich des Wyker → *Flugplatzes* ein 27 Hektar großes Gelände pachtete und mit einem Kostenaufwand von 200 000 Mark einrichtete. Seine heutige Größe aber erhielt der Golfplatz im Jahr 2009, als es dem Vorsitzenden Nickels Peter Hinrichsen in zähen Verhandlungen mit etlichen Grundeigentümern gelang, die Gesamtfläche auf 45 Hektar mit 27 Golfbahnen zu erweitern. Der Golfclub Föhr zählt derzeit 860 Mitglieder, von denen aber zwei Drittel von Auswärts stammen.

Goting Dorf in der Inselmitte, seit 1970 Ortsteil von → *Nieblum*. Sprachforscher deuten den Namen als Gauting und vermuten, dass hier in frühgeschichtlicher Zeit Thingversammlungen stattfanden. Am südöstlichen Ortsrand befinden sich noch einige bronzezeitliche Hügelgräber als Bestätigung der Ortsnamenserklärung. Auffallend ist, dass östlich von Goting, auf ganz → *Osterlandföhr*, keine weiteren Hügelgräber mehr zu finden sind, wohl aber westlich bis → *Utersum* hin. Etliche Jahre prägte ein bis neun Meter hohes → *Kliff* die Südküste am Wattenmeer. Dieses Kliff ist aber hinsichtlich seines urtümlichen Charakters eben nach der Jahrtausendwende durch Sandablagerung und Bepflanzung mit Büschen vollständig zerstört worden. 1978 wurde beim Buddeln im Sand des

Strandes am Goting Kliff ein Schatz von 74 friesischen Münzen aus dem 7. Jahrhundert gefunden, der auf eine rege Handelstätigkeit von Schiffen über die Nordsee hinweist.

Grabsteine Die drei Föhrer Friedhöfe → *St. Nicolai* in → *Boldixum*, → *St. Johannis* in → *Nieblum* und → *St. Laurentii* bei → *Süderende* auf → *Westerlandföhr* sind für ihre alten Grabsteine aus dem 17. bis 19. Jahrhundert berühmt. Die meisten dieser Grabsteine aus Sandstein des Weserberglandes sind den Seefahrern gesetzt, den Commandeuren der Walfänger und den Kapitänen der weltweiten Handelsseefahrt, und zeigen Segelschiffe jener Zeit, umrahmt von Barockschnörkeln, mit geblähten Segeln in den Himmel fahrend oder abgetakelt im Hafen der Ewigkeit liegend. Darunter, kunstvoll herausgemeißelt in erhabener oder vertiefter Inschrift die Daten der Toten und kurze Lebensläufe. Wir lesen von Todesnot in Wind und Wellen und von glücklicher Heimkehr zu den Familien. Bemerkenswerterweise sind die Inschriften bei den ganz alten Grabplatten und Stelen auf Niederdeutsch, ganz überwiegend aber auf Hochdeutsch, obwohl damals auf Föhr alle Friesisch sprachen und Föhr zum Königreich Dänemark gehörte. Aber durch die → *Kirche* und im Schriftverkehr mit den Behörden war Hochdeutsch seit etwa 1680/1700 auf Föhr die „übergeordnete" Sprache, die dann auch auf den Grabsteinen verwendet wurde. Nur der Stein des berühmten Grönland-Commandeurs Matthias Petersen, genannt „Glücklicher Matthias", enthält als einziger eine lateinische Inschrift. Neben Seefahrern sind aber auch Müller mit ihren in Stein gemeißelten Mühlen vertreten sowie Grabsteine mit Familien-Allegorien, Symbolen über Leben und Tod und frommen Sprüchen, die zum Betrachten und Lesen reizen.

Die Föhrer Südküste besteht aus niedrigen Strandwällen und aus Kliffs, die bei Sturmfluten durch Unterspülungen und Abbrüche immer wieder neu gestaltet werden. Das früher urtümliche Goting Kliff ist allerdings durch Küstenschutzmaßnahmen weitgehend umgestaltet. Nur bei Hedehusum ist noch auf einer kleinen Strecke das frühere Bild der Südküste vorhanden.

Grönland-Commandeure wie Matthias Petersen, der „Glückliche Matthias", brachten viel Geld nach Hause und konnten sich entsprechende Grabsteine leisten.

Die wertvollsten und für die Gestorbenen sicherlich auch teuersten Grabsteine standen auf den Gräbern der Commandeure, hier jener des Commandeurs Volkert Knutten auf dem Friedhof der St. Johanniskirche in Nieblum. Das kunstvoll gestaltete Walfangschiff mit Schaluppen an der Bordwand ist umrahmt von Schnörkeln und Symbolen des Barock und erzählt eine aufregende Lebensgeschichte.

Carl Häberlin kam im Jahre 1902 als Bade- und praktischer Arzt nach Föhr. Er publizierte zahlreiche Beiträge über die Wirksamkeit des Meeresklimas sowie zu heimatkundlichen Themen aus der Geschichte (u.a. Salzsieder, Inseltrachten, Chronik von Wyk) und war, hoch geachtet von allen, ganz mit der Insel und ihren Menschen verwachsen.

Häberlin, Dr. Carl Der am 15. Dezember 1870 als Sohn eines schwäbischen Missionars und einer westfälischen Mutter in Indien geborene Carl Häberlin kam nach Studium und medizinischer Ausbildung im Jahr 1902 durch Vermittlung seines schwäbischen Landsmannes Dr. Carl → *Gmelin* als Badearzt und praktischer Arzt nach → *Wyk* und entfaltete bald eine Tätigkeit, die ihn zu einer der gewichtigsten Persönlichkeiten von Föhr machte. Neben seinen ärztlichen Aufgaben auf dem Föhrer Land sowie auf → *Amrum* und den → *Halligen* beschäftigte er sich auch mit heilklimatischen Forschungen, die seinen internationalen Ruf begründeten. Allein über die Meeresheilkunde erschienen über 1000 Publikationen. Besondere Verdienste aber erwarb sich Carl Häberlin durch seine heimatkundlichen Initiativen. Als Vorsitzender des durch den Apotheker Friede im Jahr 1908 gegründeten „Naturwissenschaftlich-Kulturhistorischen Verein" wurde Carl Häberlin Initiator des 1908 errichteten Museums am Rebbelstieg in Wyk, das sich – mehrfach erweitert – bis heute mit seinem Namen verbindet. Dazu gehört das → *Altföhrer Haus*, das – am Standort in → *Alkersum* von Abbruch bedroht – im Jahr 1927 an das Museum in Wyk versetzt werden konnte. Mit seinen Forschungen und zahlreichen Publikationen über die Kulturgeschichte von Föhr und der umliegenden Region vervollständigte er das Wissen über eine Insel, die ihm längst zur Heimat geworden war. Dank seiner Tätigkeit als Arzt kam er in viele Häuser auf Föhr, auf Amrum und den Halligen und konnte hier für das Museum zahlreiche Kulturgüter sicherstellen, die er oft aus eigener Tasche bezahlte. 1946 erhielt er für seine Verdienste den Ehrentitel Professor. Und als er 1954 starb, wurde er unter einem → *Findling* auf dem Museumsgelände begraben – eine Ehre, die kein anderer Föhrer erhielt.

Hafen Der Hafen ist das Herz der Badestadt → *Wyk*. → *Krabbenfischer* und Frachter sowie Versorgungsschiffe liegen im alten Hafenbecken, im nördlichen Teil haben Miesmuschelkutter ihre Station und an den Stegen liegen Hunderte von Yachten, die einen gewissen, sich auf den → *Fremdenverkehr* gründenden Wohlstand auf Föhr verraten. Am Anleger mit seinen Hebebühnen legen die Fähren der → *Wyker Dampfschiffs-Reederei* fast stündlich an und ab, lassen Ströme von Menschen, Autos und Frachtlaster an Land und befördern diese umgekehrt nach Dagebüll zurück. Die Anlage eines Hafens datiert auf das Jahr 1698, als der Schiffer Johann Feddersen für sich und andere Einwohner eine „untertänigste Supplication" an den Herzog richtete, mit der Bitte, bei der Wyk einen Hafen einzurichten, nachdem der vorherige Hafen verschlickt und verfallen war. Gegen diesen Antrag aber legte → *Osterlandföhr* Einspruch ein, weil man die Konkurrenz billiger Einfuhren nach Föhr und die Zahlung von Hafengeld fürchtete. Ungeachtet dieses Widerstandes erhielt Wyk am 31. Oktober 1704 durch den Landesherren, den Herzog zu Schleswig, die „Hafengerechtigkeit". Aber der Hafen wurde durch Sturmfluten (1717 und 1792) zerstört und die Osterlandföhrer spielten den Wykern einen Streich, indem sie den von → *Midlum* kommenden Wasserlauf nach Norden verlegten und damit die Durchspülung des Hafenbeckens verhinderten. Erst im Jahr 1806 konnte der Hafen mit seiner heute noch bestehenden Öffnung nach Nordosten vollendet werden. Aber die „Hafenanleihe", die auch den Wechsel von Dänemark zu Deutschland überdauert hatte, konnte erst 1924 getilgt werden. Die Erweiterung mit dem umfangreichen Yachthafen erfolgte 1984. Ab den 1970er Jahren wurde die Mole zum Anlegen der WDR-Dampfer zum heutigen Anleger mit drei Hebebühnen erweitert, 2011/12 noch mit dem „Seiteneinstieg" für die neue Generation der WDR-Fähren.

Oben: Der Hafen mit dem Fähranleger ist das Herz von Wyk. Hier liegen Frachter und Fischkutter, Jollen und Yachten der Föhrer „Millionäre", legen Ausflugsschiffe ab und an und fahren die Fährschiffe der Wyker Dampfschiffs-Reederei, beladen mit Autos und Passagieren, zwischen Dagebüll–Wyk und Wittdün–Amrum stündlich hin und her. Mit dem Bau des Hafens im Jahr 1704 beginnt die eigentliche Geschichte der Stadt Wyk.

Der Hafen von Wyk um 1900, gefüllt vor allem mit Frachtschiffen für Versorgungsfahrten zwischen Inseln und Halligen und „Englandfahrern", die Kohlen von ostenglischen Häfen holten. Aber auch größere Schiffe („Henriette", „Amilhujo"), die weltweite Handelsseefahrt betrieben, fanden im Hafenbecken Platz.

Von der Föhrer Südküste aus gesehen liegen die Halligen Oland und Langeneß wie ein feiner Strich auf dem Horizont. Nur die Warften ragen deutlich empor. Das Halligland liegt nur knapp einen Meter über dem Mittleren Hochwasser. Sturmfluten gehen bis zu 30-mal im Jahr darüber hin, sodass nur noch die Warften aus dem Gewoge der Wellen aufragen. „Land unter" wird dieser Zustand genannt.

Otto Christian Hammer wurde von der Regierung des dänischen Gesamtstaates als Leiter des Seezeichenwesens und als Inspektor des Kreuzzollwesens im Seebereich Föhr-Amrum eingesetzt. Das Kreuzzollwesen hatte mehrere schnelle Segler stationiert, um Schmuggler zu stellen und zollpflichtige Handelsschiffe zu kontrollieren.

Halligen Von → *Wyk* und vom Föhrer → *Südstrand* aus erblickt man die Halligen Oland und Langeneß, deren niedriges Land kaum höher als einen Meter über Mittelhochwasser liegt. Deutlicher zu sehen sind die künstlichen Hügel, die Warften, auf denen sich die Häuser zusammendrängen. Halligen sind Wattenmeerinseln besonderer Art. Einst durch Sedimente aus der Nordsee aufgebaut, wurden sie durch Sturmfluten wieder abgebaut und wären heute bis auf Reste verschwunden, wenn nicht in den 1890er Jahren durch den Staat ein umfangreicher Uferschutz mit Steinpackungen durchgeführt worden wäre. Die Initiative dazu lösten Eingaben des aus Westpreußen stammenden Eugen Trägers aus, der die Bedeutung der Halligen auch als Wellenbrecher für die Deiche des Festlandes erkannte. → *Walfang*, → *Seefahrt* und Viehhaltung waren jahrhundertelang die Lebensgrundlagen der Halligbewohner. Erst in den letzten Jahrzehnten des 20. Jahrhunderts gewann der → *Fremdenverkehr* eine wachsende Bedeutung. Die abgeschiedene Lage bedingte ein besonderes Inselleben. Erst in den 1960er/80er Jahren erhielten die Halligen eine Strom- sowie eine Süßwasserleitung vom Festland. Das besondere Merkmal der Halligen aber hat sich nicht geändert – die Überflutung des Halliglandes bei Sturmfluten, genannt „Land unter", jährlich bis zu 30-mal!

Hamburger Kinderheim Das Panorama auf dem Wyker → *Sandwall* am Strand hat sich in der zweiten Hälfte des 20. Jahrhunderts verändert. Einige Villen aus der Wilhelminischen Zeit mussten modernen Gebäuden weichen. Aber unverändert dominiert in dieser Reihe der große Rotsteinbau des „Hamburger Kinderheimes" mit seinen drei Giebelfronten, gebaut im Jahr 1883 als „erstes Deutsches Seehospiz" vom Verein zur Errichtung von Kinderheilstätten an der deutschen Seeküste unter dem Vorsitz von Dr. Beneke, der auch den Grundstein legte. Schutzherrin dieses Heimes war Kronprinzessin Victoria aus dem deutschen Kaiserhaus. Das Ziel war, kranken Kindern, darunter auch solchen aus minderbemittelten Familien, einen Kuraufenthalt im gesunden Seeklima zu verschaffen. Und diesen Zweck hat das Hamburger Kinderheim bis in die Gegenwart, ungeachtet wechselnder Besitzer und Trägerschaften erfüllt. 1921 wurde das Seehospiz von Hamburg erworben. Nach weiterem Grund- und Gebäudeerwerb wurde das Heim nach großzügiger Renovierung von der „Rudolf-Ballin-Stiftung" in Hamburg übernommen. Das Hamburger Kinderheim betreut gegenwärtig in fünfwöchigen Kuren ganzjährig 60 Jugendliche zwischen 6 und 16 Jahren.

Hammer, Otto Christian (1822–1892) Von der dänischen Regierung im Jahr 1850 als Kreuzzollinspektor und Leiter des Seezeichenwesens im Nordfriesischen Wattenmeer ernannt, wohnhaft im eigenen Haus in → *Wyk*. Machte sich vor allem einen Namen in der Zeit des Dänisch-Preußisch/Österreichischen Krieges 1864, als er mit den kleinen, für eine Kriegsführung ganz unzureichenden Zollkreuzern und anderen Booten der Übermacht österreichischer und preußischer Schiffe standhielt und die Besetzung der „Westseeinseln" (so wurden die Nordfriesischen Inseln in der Westsee seinerzeit genannt) einige Zeit verhindern konnte, bis er dann doch im Juli 1864 kapitulieren musste.

Harden Nordfriesland war in dänischer Zeit in Harden – Verwaltungsbezirke, deren Bedeutung bis dato ungeklärt blieb – eingeteilt. Föhr bestand schon mindestens seit dem 12./13. Jahrhundert aus den zwei Harden → *Westerland-* und → *Osterlandföhr*, wobei die Westerharde bis 1864 eine Enklave des Königreichs Dänemark, Osterlandföhr aber eine Harde des Herzogtums Schleswig war und von dort aus regiert wurde. Die Hardesgrenze lag in der Inselmitte, in der → *Marsch* getrennt durch einen Wasserlauf, → „*Salt-nem*" genannt, während auf der → *Geest* die Grenze mitten durch → *Nieblum* ging. Der nördliche Teil gehörte mit der → *St. Johanniskirche* zum Herzogtum Schleswig, der südliche Teil zur Harde Westerlandföhr, wozu auch die Insel → *Amrum* zählte. Versuche, die beiden Harden zwecks Vereinfachung der Verwaltung im Jahr 1771 unter dem Reformer Struensee zu vereinen, scheiterten am Widerspruch der Westerharde, wo man lieber „pro futura unter der sanften und weltgepriesenen dänischen Jurisdiction verbleiben wollte" und sogar bereit war, dafür höhere Steuern zu zahlen.

Hasen Föhr ist eine an Niederwild reiche Insel mit Jagdstrecken, wie sie gegenwärtig kaum in anderen Landschaften der Bundesrepublik erreicht werden. Dazu gehören die → *Fasane*, vor allem aber Hasen, die schon im „Erdbuch" des dänischen Königs Waldemar im Jahr 1231 genannt werden. Erst Mitte des 20. Jahrhunderts wurden von Jagdinteressenten auf Föhr Wildkaninchen (siehe S. 70) ausgesetzt und schon vorher, Mitte der 1930er Jahre, war es auch zur Einbürgerung von Rehwild gekommen.

Hedehusum (fries. Hedehüsem) Ein Dorf in ländlicher Abgeschiedenheit ohne aufwendige Einrichtungen für den → *Fremdenverkehr*, Ortsteil des benachbarten Dorfes → *Utersum*. Am Strand von Hedehusum ist noch ein Stück urtümlicher → *Kliffküste* mit einem Steilhang saaleeiszeitlichen Geschiebelehms vorhanden. Bei ganz großen Orkanfluten – so im Februar 1962 und im Januar 1976 – erreicht die Nordsee über die → *Godelniederung* den Südrand des Dorfes.

Hellinghaus Ein dominierendes, vier Geschosse hohes Gebäude aus Holz am Wyker → *Hafen*, im Jahr 1827 von Jacob R. Swart und Christian J. Daun erbaut, wobei vor allem das Holz bei → *Sylt* gestrandeter Schiffe zur Verwen-

Das kleine Dorf Hedehusum liegt abseits des Fremdenverkehrs des großen Kurheimes am Utersumer Strand, gehört politisch aber zur Gemeinde Utersum.

Das Hamburger Kinderheim gehört seit 1883 zur dominanten Architektur auf dem Sandwall von Wyk. Es wurde schon damals nicht für die übliche wilhelminisch-bürgerliche Badegesellschaft, sondern gleich als Erholungsheim für Kinder, darunter auch für solche aus minderbemittelten Schichten, gebaut. Diesen Zweck hat das Heim, jetzt der Rudolf-Ballin-Stiftung gehörend, bis heute erfüllt.

dung kam. 1834 wurden Peter Hansen Bleeg und der Konsul Nommen Friedrich Nommensen Eigentümer des umfangreichen Hauses, das vor allem den Reparaturen von Küstenschiffen diente. Es wurden aber auch Schiffe gebaut, so 1868 der Kutter „Hotspur" des Amrumer Austernvorfischers Roluf W. Peters und 1873, als die Helling von Friedrich Christian Lorenzen übernommen wurde, auch Handelssegler auf weltweiter Fahrt: die „Henriette", die im Frühjahr 1907 auf der Heimfahrt von England „mit Mann und Maus", darunter der Kapitän Lorenzen – ein Sohn des Reeders und Werftbesitzers –, verscholl. Nach mehrfachem Besitzerwechsel wurde die Werft nach dem Zweiten Weltkrieg stillgelegt und 1964 abgebrochen.

Hünengräber Im Volksmund sogenannte Grabstätten aus der Föhrer Vor- und Frühzeit. Dazu gehören steinzeitliche Grabkammern aus → *Findlingen*, von denen es einst auf Föhr deren 17 gab, aber nur noch eine im „Sunberag" am → *Deich* von → *Utersum* vorhanden ist. Die anderen sind für den Bau des Steindeiches, für Straßen- oder Friesenwallbauten oder einfach als „Störfaktoren" bei der → *Landwirtschaft* beseitigt worden. Aber auch die Hügelgräber der späteren Bronzezeit (1600–600 vor Chr.) werden Hünengräber genannt. Von diesen sind noch einige auf der Inselgeest auf → *Westerlandföhr* erhalten, so bei Utersum (→ *Tribergen*), → *Hedehusum* und → *Goting*, aber keine mehr auf → *Osterlandföhr*. Auch hier sind durch Unverstand und Gleichgültigkeit etliche Hügel im Zug der Flurbereinigung noch in jüngster Zeit verschwunden, als die Schutzverordnungen für die Bodendenkmäler noch nicht den gegenwärtigen hohen Stellenwert hatten. Viele der vor- und frühgeschichtlichen Stätten sind mit einem reichen Föhrer Sagenschatz verbunden.

„Insel-Bote" Tageszeitung für Föhr und → *Amrum* des Schleswig-Holsteinischen Zeitungsverlags in Flensburg. Erste

Einst waren die Geesthöhen, insbesondere von Westerlandföhr, von zahlreichen Hügelgräbern der Bronzezeit
bedeckt, um die sich ein Kranz von
Sagen rankte. Insbesondere wurden
diese Hügel mit einem unsichtbaren,
unterirdisch lebenden Zwergenvolk in
Verbindung gebracht. Im Zug der Flurbereinigung und mangels von Schutz-
gesetzen sind dann aber noch etliche
in den 1960er Jahren eingeebnet worden, um dem Maschinenpflug keinen
Widerstand zu bilden.

Die Urheimat des Wildkaninchens ist
die Iberische Halbinsel. Spanien heißt
„Land der Kaninchen", von den Phöni-
ziern so getauft. Erst später breiteten
sich diese Nagetiere über Europa –
durch Aussetzungen vor allem auf
Nordseeinseln – aus, auf Föhr erst
Ende der 1940er Jahre.

selbstständige Gründungen von Tageszeitungen erfolgten in den Jahren 1880 und 1888 (Insel-Bote, Föhrer Nachrichten). Der heute noch bestehende „Insel-Bote" wurde von Johannes H. N. Thamsen herausgegeben, der im Haus auch eine Buchdruckerei mit Dampfbetrieb einrichtete. Über Emil A. Krüger kamen Haus und Betrieb in den Besitz des Buchdruckers Otto Bohl (1934) und seit 1967 in die Hände seines Sohnes Joachim Bohl. Die zunächst eigenständige Zeitung wurde dann 1970 von der obigen Flensburger Zeitungsgesellschaft übernommen. Der eigentliche Mantel des „Insel-Boten" ist das „Flensburger Tageblatt" mit ein oder zwei Seiten Lokalnachrichten von Föhr und Amrum, die unverändert im Gründungshaus redigiert werden. Mit seinen Familienanzeigen zwischen Geburt und Tod und den Beiträgen über insulare Ereignisse ist der „Insel-Bote" ein festes Band zwischen den beiden Inseln, wo jeder jeden kennt. Eine Tafel am Haus des „Insel-Boten" in der Großen Straße in Wyk erinnert an den Besuch des dänischen Märchendichters Hans Christian → *Andersen* im Jahr 1844.

Jagd Auf der an Niederwild reichen Insel Föhr spielt die Jagd eine große Rolle, insbesondere in früheren Jahrhunderten, als die Nutzung der Natur für die Nahrungsversorgung von Bedeutung war. Dabei wurden auch Jagdmethoden verwendet, die heute nicht mehr erlaubt sind, zum Beispiel die Jagd mit der Blendlaterne auf Vögel im → *Watt*. → *Wildgänse* wurden auf dem Watt in Stellnetzen gefangen oder mit der Flinte bejagt. Dies galt auch für die Scharen der Kurzschnabelgänse, die vor der Flurbereinigung und Entwässerung der Föhrer → *Marsch* in unzählbaren Scharen auf den nassen Wiesen zum Äsen einfielen. Auch die Entenfänge in der → *Vogelkoje* waren ein Teil der Jagd und der Wildbretversorgung. Naturschutz- und Jagdgesetze in der „Nazizeit" (1934/35) begründeten in Deutschland und

„Ütj to kenknin" – heißt es am letzten Abend des alten Jahres, also Silvester, in etlichen Dörfern auf Föhr. Kinder und später auch Jugendliche und Erwachsene ziehen verkleidet von Haus zu Haus, wünschen „Seegent Neijuar", gesegnetes Neues Jahr, und tragen humorvolle bis zeitkritische Stücke oder Lieder vor, um sich dann – oft unerkannt – mit einer kleinen Gabe wieder hinaus in die Nacht zu verabschieden.

damit auch auf Föhr das sogenannte „Reviersystem", die Verpachtung der Jagden in den einzelnen Gemeinden an Jagdpächter. Diese haben eine „Jägerprüfung" über die Kenntnisse von Wild und Waffen abgelegt und sind nicht nur der Jagd, sondern auch der Wildhege verpflichtet. Im Herbst organisieren die Jagdpächter in ihren Revieren Treibjagden mit Jägern von Föhr, aber auch vom Festland.

Kenknin Ein fast vergessenes Brauchtum aus alter Zeit ist neuerdings wieder zu Ehren gekommen – das Kenknin. Eigentlich erinnerte es an „Kenken", an das Christkind, das früher nicht zu Weihnachten, sondern am letzten Abend des alten Jahres die Kinder beschenkte. Heute ist es ein Verkleidungsbrauch. Am Nachmittag des genannten Tages verkleiden sich zuerst die Kinder, später auch Jugendliche und Erwachsene, und ziehen mit Neujahrswünschen von Haus zu Haus. Etliche dieser vermummten Gestalten haben sich besondere Aufführungen, oft Parodien auf regionale Dorfereignisse und auf die Inselpolitik, ausgedacht und tragen diese gesungen oder gesprochen vor. Das Kenknin war ursprünglich auf → *Westerlandföhr* beschränkt, hat inzwischen aber Anhänger auch in anderen Föhrer Dörfern und in → *Wyk* gefunden. In ähnlicher Form wird das Kenknin auch auf → *Amrum* (hier sagt man „Hulken") sowie im → *Sylter* Osten, im Dorf Morsum, betrieben.

Kirchen Merkmale des sanft gewellten Föhrer Geestlandes und seiner Dörfer sind die drei großen Kirchen St. Nicolai bei → *Boldixum-Wyk*, St. Johannis bei → *Nieblum* und St. Laurentii zwischen den Dörfern auf → *Westerlandföhr*. Ihre Entstehungszeit wird in die Zeit um anno 1230 datiert, nachdem erst sehr spät, im 11. Jahrhundert, die Christianisierung der Friesen auf Order dänischer Könige erfolgte. Nach ursprünglichen Kirchen aus Holz haben dann die Dorfgemeinschaften mit mehr oder weniger

Zwang und im „Hand- und Spanndienst" die drei mächtigen Kirchen errichtet, wobei fraglich ist, welche Wirtschaftsblüte in damaliger Zeit – Handelsseefahrt auf Nord- und Ostsee? – die Finanzierung ermöglichte. Auffallend ist auch die Größe der Föhrer Kirchen, die kaum im Verhältnis zur Bevölkerungsmenge stand. St. Johannis bei Nieblum ist die größte „Dorfkirche" im deutsch-dänischen Norden.

St. Johannis bei Nieblum wird auch „Friesendom" genannt, obwohl diese Bezeichnung nicht dem Status der Kirche entspricht. Aber mit den beiden Querhäusern im Norden und Süden hat St. Johannis von allen Insel- und benachbarten Festlandskirchen die meisten Sitzplätze – früher angeblich über 1000, weit über die damalige Bevölkerungsmenge hinaus. Die Legende erzählt, dass St. Johannis um 1200 gleichzeitig mit St. Severin bei Keitum auf → *Sylt* und der „Alten Kirche" auf Pellworm gebaut wurde und der Baumeister mit dem Pferd von Baustelle zu Baustelle ritt. Das war damals noch möglich, weil der Meeresspiegel etwa zwei Meter tiefer lag und Ross und Reiter nur hier und da einige Priele überwinden mussten. Tatsächlich liegen diese drei Kirchen, dazu eine vierte auf Eiderstedt, in gerader Linie auf der Nord-Südachse und im fast gleichen Abstand zueinander – aber dies scheint eher Zufall als Absicht gewesen zu sein. St. Johannis hat auch von allen Inselkirchen die reichste Ausstattung. Dazu gehört ein Altar mit fünf Flügeln aus dem 15. Jahrhundert, ein Taufstein mit frühchristlichen Ornamenten aus dem 12. Jahrhundert, eine Kanzel von 1618 aus der berühmten Flensburger Werkstatt von Hinrich Ringeling, eine Holzfigur von Johannes dem Täufer mit Lamm aus dem 15. Jahrhundert und ein Epitaph von 1633 aus der Kirche Königsbüll von Nordstrand, die im Oktober 1634 unterging. Bemerkenswert auch eine silberne Abendmalskanne,

Von allen Inselkirchen hat St. Johannis bei Nieblum die reichste Ausstattung. Der figurenreiche Altaraufsatz stammt aus dem 15. Jahrhundert. Noch älter ist der Taufstein mit frühchristlichen Ornamenten. Er wird in das 12. Jahrhundert datiert. Die fast lebensgroße Holzstatue vom Namenspatron Johannes der Täufer wurde im 15. Jahrhundert geschnitzt, die Kanzel aus der berühmten Flensburger Werkstatt von Ringeling datiert von 1618.

Neben diesem Steine ruhen die irdischen Überreste der Eheleute Broder Rienwerts und Toelt Rienwerts aus Oldsum. Broder Rienwerts ist geboren in Oldsum am 3 Oct 1773 Er verehelichte sich am 3 Aug 1796 mit Keike Jacobs aus Dunzum.

St. Laurentii auf Westerlandföhr wurde Anfang des 13. Jahrhunderts so platziert, dass der Weg zu den Dörfern etwa gleich lang ist. Aber drei Dörfer von Westerlandföhr – Goting, Witsum und Borgsum – wurden der St. Johanniskirche auf Osterlandföhr zugeschlagen. Der Altaraufsatz von St. Laurentii enthält zwölf Heiligenfiguren, die allerdings nur teilweise mit den Aposteln und dem Namenspatron identisch sind.

Die St. Laurentiikirche ist umgeben von Mengen alter Grabsteine, die im schlichten Rasengrün stehen und deshalb, ungestört von neuzeitlichem Blumenschmuck, besonders wirken. Viele der Grabsteine stehen auch noch auf den alten Familiengrabstellen. Die obige Abbildung zeigt den Grabstein von Ocke Hinrich Flor, der seit 1824 als Kapitän nacheinander mehrere Schiffe führte, und seiner Frau Thur Flor, geb. Rickmers aus Oldsum.

die von dankbaren Passagieren des Auswandererdampfers „Helene Sloman" dem Nieblumer Kapitän Paul Nickels Paulsen geschenkt wurde, als dieser im November 1850 die Passagiere mit Umsicht von seinem sinkenden Dampfer auf ein englisches Schiff rettete. Wie in St. Nicolai lag auch St. Johannis auf der Osterharde Föhr im Herzogtum Schleswig. Doch gehörten einige Dörfer der Westerharde, → *Goting*, → *Borgsum* und → *Witsum*, zum Kirchspiel St. Johannis.

Die Kirche von Westerlandföhr ist auf den Namenspatron **St. Laurentii** getauft. Sie liegt auf freiem Feld zwischen den Dörfern, am nahesten bei → *Süderende* (fries. Söleraanj). Der ursprüngliche Bau aus der Zeit um 1200 wurde aus Tuffsteinen und Granitquadern errichtet, im 13. Jahrhundert aber mit Backsteinen nach Westen verlängert. Im Gewölbe des Chorraumes wurden erst 1982 Gemälde aus dem 14. Jahrhundert freigelegt und renoviert. In St. Laurentii wirkte von 1620 bis 1678 der Pastor Richardus Petri und erkannte in der Seefahrerzeit die Notwendigkeit nautischer Ausbildung, um den Föhrer Seefahrern zu höheren Positionen wie Commandeur und Kapitän zu verhelfen und sich ein höheres Einkommen über die einfachen Seefahrer hinaus zu verschaffen. Aber auch der Pastor profitierte über die Abgaben am höheren Verdienst der Schiffsführer. Drei prachtvolle Kronleuchter, die der Beschlagnahme im Zweiten Weltkrieg und dem Einschmelzen zu Munition entgingen, sind von den → *Walfang*-Commandeuren der Familie Petersen im Jahr 1677 gespendet, zwei davon vom „Glücklichen Matthias", der als Commandeur Hamburger und Amsterdamer Walfänger im 17./18. Jahrhundert 373 Wale erbeutete und dessen Grabstein mit lateinischer Inschrift auf dem Friedhof steht. Den dritten Leuchter stiftete der Bruder Jon Petersen. Auch auf dem St. Laurentii-Friedhof sind noch etliche alte Grabsteine zu finden, doch haben einige offenbar durch die Witterung gelitten, sodass sie bemalt und die Schiffe und Inschriften farblich hervorgehoben wurden. Die wachsende Zahl katholischer Kurgäste bedingte schon 1899 ein Gotteshaus in → **Wyk**, das Architekt Dabelstein auf eigene Kosten an der Mühlenstraße erbaute. Die kleine Marienkapelle erfüllte immerhin bis 1974 ihren Zweck. Dann wurde am Rebbelstieg die heutige, größere Kirche erbaut. Inzwischen war auch der Anteil der katholischen Bevölkerung, zum Beispiel in der Gastronomie und anderen Dienstleistungen, durch den Zuzug von Italienern gestiegen.

St. Nicolai bei Boldixum ist auch die Kirche der Stadt → *Wyk*. Bei Anbau des Nordflügels im Jahr 1701 fand man einige Münzen aus der Zeit von Waldemar dem Sieger, der von 1202 bis 1241 über Dänemark regierte. Politische Geschichte machte die Boldixumer Kirche im Jahr 1426, als sich hier die Ratsmänner friesischer → *Harden* des Herzogtums Schleswig versammelten und die „Siebenhardenbeliebung", eine friesische Gesetzgebung, beschlossen. Auf dem Friedhof von St. Nicolai stehen noch etliche alte → *Grabsteine* aus dem 17. bis 19. Jahrhundert, die meisten den Seefahrern gesetzt. Ganz früher, als die Landflächen von Föhr und der → *Hallig* Nordmarsch (Langeneß) noch näher zusammenlagen, hatten etliche Halligleute auch ihre „Kirchenstände" – bezahlte und in dauerndem Besitz befindliche Plätze – in der St. Nicolaikirche und wurden hier auf dem Friedhof beerdigt. Der Grabstein einer Kateryne Knutsen von der Warft Hilligenlei auf Nordmarsch aus dem Jahr 1604 ist der älteste auf dem Friedhof von Boldixum-Wyk. Die Kopie des „Hölzernen Registers" im Kirchenarchiv von St. Nicolai vermittelt uns die Namen von Grundbesitzern aus der Zeit um 1464.

Als die Boldixumer St. Nicolaikirche als jüngste der drei Föhrer Groß-kirchen im 13. Jahrhundert erbaut wurde, gehörten zum Kirchspiel nur die beiden Dörfer Boldixum und Wrixum. Erstaunlich deshalb die Größe auch dieser Föhrer Kirche. Erst viel später, im 17. Jahrhundert, kam Wyk dazu, und heute ist St. Nicolai auf Föhr jene Kirche mit den meisten Gemeindemitgliedern.

Das Innere der St. Nicolaikirche fällt auf durch die mit Blumen und Orna-menten bemalten Gewölbebogen. Der Altaraufsatz stammt aus dem Jahr 1643 und zeigt im Mittelfeld eine leb-hafte Darstellung des Abendmahls, Schnitzwerk des „Meisters von Stede-sand". Auffallend ist auch in einer Wandnische die buntbemalte, fast anderthalb Meter hohe Schnitzfigur des heiligen Nikolaus, des Namens-patrons der Nicolaikirche.

Kliffküsten Die Föhrer Südküste bestand bzw. besteht noch teilweise aus Kliffs, die durch Sturmfluten in den saaleeiszeitlichen Geestblock ausgeformt wurden und einen Blick in die Schichtungen der Altmoräne vermitteln. Sandvorspülungen vor → *Goting* und → *Utersum* sowie sonstige Uferschutzwerke haben das früher eindrucksvolle Bild der steilen Kliffküsten – das Goting-Kliff ist bis neun Meter hoch – jedoch stark beeinträchtigt, sodass gegenwärtig nur noch am Strand von → *Hedehusum* der ursprüngliche Charakter der Föhrer Südküste zu sehen ist.

Klintum Das Langdorf liegt – wie andere Föhrer Dörfer – hart an der Grenze von höherer → *Geest* und der ebenen → *Marsch*, fällt als Einzeldorf aber nicht auf, weil es zwischen → *Toftum* im Osten und → *Oldsum* im Westen eingeschlossen ist und sich nahtlos mit beiden Nachbardörfern zum sogenannten „Langdorf" verbindet.

„Königszeit" So werden die Jahre von 1842 bis 1847 genannt, als die bis dahin nur mäßig gedeihende Badeanstalt → *Wyk* vom dänischen König Christian VIII. für jeweils fünf Wochen als Sommerresidenz auserkoren wurde und der König mit entsprechendem Hofgefolge – darunter 1844 auch der dänische Märchendichter Hans Christian → *Andersen* – dem Badeort eine wirtschaftliche Blüte vermittelte und Wyk als Seebad in europäischen Adelskreisen bekannt machte. „Der König gewann durch Herablassung und Milde die Herzen der Eingeborenen", heißt es in einer damaligen Chronik. Der König kaufte das Haus des Konsuls Nommensen und ließ es ausbauen und der Flecken Wyk schenkte Ihrer Majestät ein größeres Gelände für „den Bau eines Schlosses"! Der → *Sandwall* wurde mit drei Baumreihen bepflanzt, die erst in den 1990er Jahren infolge Schadinsektenbefalls durch neue Bäume ersetzt werden mussten. Die Königin ließ auf ihre Kosten einen Park anlegen, mit einem Teich, der als Wehle (See oder

Oben: Großes Gedränge herrschte am Wyker Hafen, wenn das Dampfschiff mit dem dänischen Königspaar und dem halben Hofstaat einlief und die Herrschaften sich unter Wolken von dänischen Fahnen (den Danebrogs) und begleitet von einem Spalier Föhrer Frauen in Friesentracht zu ihren Quartieren begaben. Das Dampfschiff blieb während der gesamten „Sommerresidenz" im Hafen liegen, um eilige Post mit dem Festland zu besorgen.

In der sogenannten „Königszeit" von 1842–1847 erlebte das Seebad Wyk durch den Besuch des dänischen Königshauses eine besondere Glanzzeit. Jeweils fünf Wochen weilten der König Christian VIII. nebst Gattin Caroline und Teilen des Hofstaates in Wyk und entfalteten ein royales Leben und Treiben. Aber zum Bau eines Schlosses kam es dann doch nicht mehr, weil der König 1848 starb.

Oben: Auf dem Föhrer Deich zwischen Wyk (im Hintergrund) und Utersum wimmelt es von Schafen, die „Rasenmäher", die einen wesentlichen Anteil an der Festigkeit des Deiches haben. Der Deich gehört dem Staat, ist aber für die Schafhaltung in entsprechende Abschnitte eingeteilt und an die Föhrer Landwirte verpachtet.

Einst lagen ganze Flotten von Krabbenfischern im Hafen von Wyk, als die Friedrichskooger Kutter Schwierigkeiten mit der Hafeneinfahrt hatten und die Überlegung anstand, diese in Wyk anzusiedeln. Dazu ist es dann doch nicht gekommen und heute verzieren nur noch wenige einheimische Krabbenkutter das Bild des Hafens.

Teich) nach einem Sturmfluteinbruch entstanden war und „Königsgarten" genannt wurde. Im → *Hafen* lag ein Dampfschiff den ganzen Tag einsatzbereit und ein Spalier Föhrer Mädchen in → *Friesentracht* empfing und verabschiedete den königlichen Hofstaat. Aber 1848 starb Christian VIII. und die „Königszeit" war vorbei. Zwar besuchte der Nachfolger, Frederik VII. mit Gemahlin und Gefolge im Sommer 1860 das Seebad, „und der König schien sich hier wohl zu fühlen". Aber die Hoffnung auf eine neue „Königszeit" erfüllte sich nicht. Der politische Himmel, die Auseinandersetzung zwischen Schleswig-Holstein und Dänemark um die Zukunft des Gesamtstaates schwelten weiter, 1864 kam es zum Krieg und Föhr gehörte fortan zu Preußen bzw. zum Deutschen Reich.

Krabbenfischer Fast täglich und die ganze Saison hindurch kann man im Fischkiosk am Wyker → *Hafen* frische Krabben kaufen. Einst lagen im Hafenbecken zahlreiche Krabbenkutter und vermittelten ein stimmungsvolles Bild. Zeitweilig, in den 1970/80er Jahren, hatte hier sogar die große Flotte der Friedrichskooger Krabbenfischer ihre Station und es bestand die Absicht, sie hier fest anzusiedeln. Aber dazu ist es dann doch nicht gekommen. Gegenwärtig hat → *Wyk* noch drei einheimische Krabbenfischer, deren Kutter dem Außenhafen eine besondere Atmosphäre verleihen. Die Krabben werden in Wyk, nach Hörnum-Sylt oder über Dagebüll nach Holland verkauft. Von dort werden die Krabben, richtiger Garnelen, zum Auspulen bis nach Marokko und sogar Indonesien verfrachtet.

Kreiskrankenhaus Föhr-Amrumer Krankenhaus am Rebbelstieg in → *Wyk*, durch die Initiative des damaligen Arztes Dr. Gerber im Jahr 1894 mit 19 Betten am Südrand von Wyk erbaut, heute aber inmitten von Grünanlagen in der Ortsmitte liegend. Das kleine Krankenhaus, wichtig für die Ortsnähe der Inseln Föhr und → *Amrum*, gehört zum Klinikum Nordfriesland und hat sich ungeachtet der Fusions- und Schließungsbestrebungen kleiner Kliniken behaupten können. Dazu trägt auch der 1989 gegründete „Förderverein" bei, der mit seinen 1100 Mitgliedern inzwischen über zwei Millionen an Beiträgen für die Ausstattung der Klinik besorgt hat, die in mancher Beziehung besser ist als die große Krankenhäuser. Ein besonderes Merkmal der Inselklinik ist die fast familiäre Atmosphäre. Und fast alle auf Föhr und Amrum geborenen Babys kommen hier zur Welt!

Kriegsereignisse Die in der Uthlande (frühere Bezeichnung der nordfriesischen Insellandschaft) liegende Insel Föhr hat sich nie für historische Kriegsereignisse angeboten. Ob der mächtige Ringwall der → *Borgsumer Burg* je ein Objekt für solche war, ist bis dato ungeklärt. Aus der Zeit des Dreißigjährigen Krieges ist immerhin bekannt, dass im Jahr 1628 die „Kaiserlichen", nachdem sie auf dem Festland übel gehaust hatten, mit 13 Schuten auf Föhr landen wollten, jedoch vor der zum Strand bei → *Nieblum* eilenden Bevölkerung von Furcht ergriffen, wieder abzogen. Eine große Rolle sollen dabei die Inselfrauen in ihrer Tracht gespielt haben, da sie wie panzerbewehrte Ritter wirkten. Ein späterer Landeversuch konnte mithilfe von zwei dänischen „Orlogs(Kriegs-)schiffen abgewehrt werden. Und noch einmal, 1658, konnte eine schwedische Invasion zurückgewiesen werden. Ein Einwohner aus → *Alkersum*, der die Schweden unterstützt hatte, wurde gefangen genommen und in Glückstadt hingerichtet. Ebenso konnten fünf Brandenburger Schiffe an der Landung gehindert werden, aber Föhr musste später einen Tribut zahlen. Im Krieg zwischen Preußen/Österreich und Dänemark konnte der in → *Wyk* wohnende Kreuzzollinspektor → *Hammer* im Juli 1864 einige Zeit die Besetzung von Föhr verzögern, ehe er am 20. Juli 1864

Im Zweiten Weltkrieg blieb Föhr von militärischen Anlagen und Angriffen weitgehend verschont. Zwei gravierende Ereignisse waren der Beschuss eines WDR-Dampfers durch britische Tiefflieger am 26. Juni 1944, bei dem der Kapitän Wilhelm Nommensen an Bord erschossen wurde. Und am 10. Juli 1944 gab es auf dem WDR-Dampfer „Kapitäne Christiansen" elf Tote. Der Dampfer erreichte mit zahlreichen Einschüssen nur mit Mühe den Hafen.

kapitulieren musste. Eine in der Mauer der alten Zoll-
station am Wyker → *Hafen* steckende Kanonenkugel soll
noch ein Zeugnis dieser Zeit sein. Im Übrigen waren die
Inselfriesen durch eine Verordnung vom 28. Januar 1735
mit Ausnahme von Nordstrand durch den dänischen
König „für ewige Zeiten von allen Ausschreibungen zu
Lande wie auch von allen Soldatendiensten befreit", mussten nur in Kriegszeiten auf der Flotte dienen, wobei sie die
geforderten Mannschaften selbst unter den männlichen
Einwohnern auswählen konnten. Das änderte sich aber
nach dem Staatswechsel von Dänemark zu Deutschland
und in den beiden Weltkriegen. Gedenksteine auf den
Föhrer Friedhöfen tragen die Namen der Gefallenen,
junge, blühende Menschenleben – von Wyk allein im
Zweiten Weltkrieg 228 Tote und Vermisste. Die ersten
Toten gab es schon im September 1939, als bei unsinni-
gen Schanzarbeiten bei Nieblum drei Männer verschüttet
wurden. Von eigentlichen Feindangriffen blieb Föhr aber
verschont, mit Ausnahme von zufälligen Notabwürfen
heimwärts fliegender Bomber 1941, die Schäden in der
Museums- und Feldstraße anrichteten und einer Frau das
Leben kosteten. Und im November 1943 verloren der
Kapitän Andreas Matzen und zwei weitere Besatzungs-
mitglieder des Frachters „Nordmark" ihr Leben, als das
Schiff auf eine Mine lief und unverzüglich sank. Ebenso
starb der → *WDR*-Kapitän Wilhelm Nommensen am
26. Juni 1944, als britische Tiefflieger den Dampfer „Föhr-
Amrum" beschossen. Noch verheerender war ein solcher
Angriff wenig später am 10. Juli, als eben vor Wyk der
WDR-Dampfer „Kapitäne Christiansen" beschossen
wurde und es an Bord elf Tote, darunter auch Kinder, gab.
Als Zeichen des für Deutschland verlorenen Krieges
kamen dann ab Februar 1945 und später Tausende Ostflüchtlinge und Vertriebene nach Föhr, die in leer stehen-

den Häusern Aufnahme fanden. Auch die Aufstellung eines „Volkssturms" aus betagten Männern konnte die Niederlage nicht verhindern. Leider hatte es in der Zeit des „Dritten Reichs" auch Ausschreitungen gegen jüdische Bürger gegeben. Aber die honorigen Mitglieder der Familie Heymann blieben wenigstens von der Deportation verschont, ebenso die Frau des Chefarztes vom Wyker Krankenhaus, Dr. Schulz.

„Kurheim" oder „Millionenhüs" wird das umfangreiche Gewese am Strand westlich von → *Utersum* genannt – der größte zusammenhängende Gebäudekomplex auf Föhr. Das heute sogenannte Reha-Zentrum wird von der Deutschen Rentenversicherung, früher Bundesversicherungsanstalt für Angestellte, betrieben und hält rund 200 Betten für die Therapien der Atemwege und der gynäkologischen Onkologie bereit. Mit einem Personalbestand von etwa 115 ist das Reha-Zentrum ein gewichtiger Arbeitgeber für Utersum und darüber hinaus. Das Gesamtareal umfasst etwa 15 Hektar, wozu ein fast 12 Hektar großes Wald- und Parkgelände gehört. Der Grundstein zum „Kurheim" wurde im November 1929 gelegt, wobei Dr. → *Gmelin* als Initiator zeichnete, nachdem er schon 1889 am Wyker → *Südstrand* ein Nordseesanatorium errichtet hatte. Für den Bau des „Kurheims" wurde am Strand direkt vor der Baustelle eine Brücke errichtet, über die das Baumaterial per Schiff angeliefert werden konnte. Bauherr und Betreiber des „Kurheimes" war die Reichsversicherung für Angestellte (R.f.A.), Leiter des Hauses der erwähnte Dr. Carl Gmelin. Im Zweiten Weltkrieg stand das Gebäude leer bzw. wurde teilweise vom Militär genutzt und ab 1944 als Lazarett eingerichtet, ehe nach Kriegsende die Belegung mit Tuberkulosekranken erfolgte. 1957 wurde das Haus vollständig neu eingerichtet.

Kurtaxe – ein Schrecken der Kurgäste, aber in allen Inselorten, auch draußen auf dem Land, erhoben. Die Kurtaxe wird zur Finanzierung etlicher Einrichtungen für den → *Fremdenverkehr* (Strandreinigung, Rettungsschwimmer usw.) erhoben, vermittelt dem Inhaber aber auch Preisvorteile beim Besuch von Veranstaltungen, bei der Standkorbmiete u. a. Kurgäste wundern sich oft, dass Kurtaxe wohl in deutschen Bädern – auch im Binnenland – verlangt wird, nicht jedoch zum Beispiel an Stränden im benachbarten Dänemark, wo trotzdem alles seine Ordnung hat. Verbreitet ist die Meinung, dass die Insulaner so viel Geld mit dem Fremdenverkehr verdienen, dass sie die Kosten für die Betreuung der Infrastruktur aus diesen Einnahmen bezahlen könnten. Immerhin: Jugendliche bis 18 Jahren sind auf Föhr von der Kurtaxe befreit.

Küstenschutz Föhr liegt auf einem hohen Wattensockel. Rundum ist die Nordsee flach, der Wellenauflauf gegen die Küste infolgedessen nicht sehr hoch und die Brandung mit ihrer Zerstörungskraft dementsprechend sehr viel geringer als auf der Nachbarinsel → *Sylt*. Zudem liegen die Sylter Südspitze Hörnum und die Insel → *Amrum* als Schutz und Wellenbrecher vor Föhr. Trotzdem spielt auch hier der vom Staat betriebene Küstenschutz eine große Rolle. Der → *Deich* ist mit einer Länge von 23 Kilometern das größte Schutzwerk auf der Insel. Millionenteure Schutzmaßnahmen sind aber auch der Asphaltdeich vor der Niederung Greveling – wo frühere große Sturmfluten einbrachen und das Gelände bis über den → *Golfplatz* hin überfluteten – sowie die mehrfach durchgeführten Sandvorspülungen am Wyker → *Südstrand*, bei → *Nieblum*-Goting und vor → *Utersum*. Bei Utersum haben sich dank der Vorspülung sogar regelrechte Stranddünen gebildet und die ehemalige → *Kliffküste* zugedeckt. Ein Küstenschutzwerk ist auch der Wyker Hafendeich mit einer bei

Sturmfluten verschließbaren → *Stöpe*, einer Deichdurch-
fahrt. Vor dem Bau des Hafendeichs nach der Orkanflut
im Februar 1962 stieg bei großen Sturmfluten das Wasser
aus dem Hafenbecken und flutete hoch hinein in die
Hafen- und Königstraße.

Lachmöwe Häufigste Möwenart im Bereich von Föhr. Im
→ *Hafen*, am Strand und auch im Ortsbereich sind die hei-
seren Rufe der Lachmöwen (Möwen der Lachen) zu hören,
die im Sommer, in der Brutzeit, ein schokoladendunkles
Kopfgefieder tragen, aber außerhalb der Brutzeit nur einen
dunklen Fleck am Auge haben. Möwen kamen bis zur
Mitte des 20. Jahrhunderts als Brutvögel nur auf dem Festland (Moore, Schilfseen, Lagunen und Lachen) vor, ehe sie
in der zweiten Jahrhunderthälfte auch die Nordseeküste
besiedelten. Auf Föhr brüten Lachmöwen auf den Salzwiesen des Deichvorlandes und in einigen Feuchtsenken der
Föhrer → *Marsch*. Kurgäste und Kinder müssen im Sommer aufpassen, dass ihnen nicht Eis, Kuchen und andere
Nahrungsmittel von den Lachmöwen aus der Hand
geraubt werden.

Landwirtschaft Sie hat auf Föhr seit Jahrtausenden eine Rolle
gespielt, sie wurde schon in der Vor- und Frühzeit von der
damaligen Bevölkerung betrieben, ebenso wie von den im
8./9. Jahrhundert eingewanderten Friesen. Der ungeheure
Aufwand beim Bau des → *Deiches* am Ende des 15. Jahrhunderts zum Schutz der Viehweiden und Heuwiesen in
der Föhrer → *Marsch* ist ein Zeugnis dieser wirtschaftlichen Bedeutung. Zwar spielte die Landwirtschaft in der
Zeit des → *Walfangs* und der Handelsseefahrt eine gerin-
gere Rolle, weil fast alle Männer zur See fuhren und Viehhaltung nur von den Frauen als Nebenerwerb betrieben
wurde. Aber als die → *Seefahrt* vor und nach 1800 in eine
Krise geriet, mussten sich die Föhrer zunehmend auf den
eigenen Boden besinnen und die Landwirtschaft inten-

Oben: Von den fünf Möwenarten (Mantel-, Silber-, Herings-, Sturm- und Lachmöwe), die an der Nordseeküste vorkommen, ist die Lachmöwe auf Föhr der häufigste Brutvogel, mit einigen Kolonien in den Marschenniederungen und auf dem Vorland im Norden der Insel vertreten. Nur in der Brutzeit trägt die Lachmöwe das schokoladenbraune Kopfgefieder. Ihr Name begründet sich auf das Vorkommen dieser Art an Lachen, flachen Teichen und Seen.

Nach dem Ende der Seefahrt entwickelte sich die Landwirtschaft auf Föhr zur dominierenden Erwerbsquelle, begünstigt durch die weitläufigen und fruchtbaren Marschen. Ungeachtet der wachsenden Bedeutung des Fremdenverkehrs auch auf dem Föhrer Land, spielt die Landwirtschaft unverändert eine wichtige Rolle auf der Insel.

sivieren. Bauer wurde nun ein Beruf. Die Grundlagen dazu lieferte die dänische Regierung, die im Jahr 1771 auf → *Osterlandföhr* und im Jahr 1799 auch auf → *Westerland-föhr* die „Landaufteilung", die Zumessung der bisher überwiegend ideell genutzten Anteile an der Landwirtschaft zum festen Individualbesitz verfügte. Bis dahin war die Bodennutzung weitgehend nach den Regeln der altgermanischen „Feldgemeinschaft" erfolgt – ein kompliziertes System mit „Läästaal", „Beltringe", „Ammerlun" und anderen Regeln, die nur von den Einheimischen verstanden wurden. Im Lauf des 19. Jahrhunderts begann die Landwirtschaft dann über die Erwerbsquelle Seefahrt zu dominieren. Bald gab es in allen Inseldörfern kleinere und größere Baustellen mit angebauten Scheunen, Viehställen und den würzigen Misthaufen vor den Türen. Aber in der zweiten Hälfte des 20. Jahrhunderts bahnte sich ein weiterer Strukturwandel an. Infolge der bis 1933 praktizierten Realteilung in Erbschafts- oder Verkaufsfällen war die Föhrer Landschaft in 15 000 Flurstücke mit 1600 Eigentümer zersplittert. Manche Landstücke waren so klein, dass sie eine landwirtschaftliche Nutzung nicht mehr zuließen. Nun erfolgte ab 1960 eine Flurbereinigung und eine Zusammenfassung auf 5120 Landstücke. Ebenso wurde die Wasserlösung in der Marsch mit Sielen und → *Schöpf-werken* ausgebaut sowie Marsch und Feldmark mit „Wirtschaftswegen" von 150 Kilometern Länge erschlossen. Gleichzeitig wurde ein umfangreiches System von Baumreihen (Knicks) als Windschutz längs der Wege angepflanzt, sodass die Föhrer Marsch ein ganz neues Gesicht erhielt. Aber die wesentlichste Maßnahme dieser durch Bundes- und Landesregierung geförderten Maßnahme, „Programm Nord" genannt, war die → *Aussiedlung* von rund 50 Bauernhöfen aus der Enge der Dörfer, die keine Entwicklung mehr zuließ, in die Weite der Marsch, wo die

Höfe verstreut oder zu mehreren zusammengefasst errichtet wurden. Wobei der Stil dieser Höfe nicht gerade zur Verschönerung der Landschaft beitrug – ehe sie dann, von reichlichem Baumwuchs umhüllt, optisch verschwanden. Prägend für die Föhrer Landwirtschaft waren auch die → *Mühlen*, von denen noch vier – allerdings nicht mehr betriebsfähig – vorhanden sind. Längst nicht mehr in Betrieb und für andere Zwecke umgebaut sind auch die ehemaligen → *Meiereien* in → *Oldsum*, → *Borgsum* und → *Midlum*, die in den Jahren von 1888 bis 1891 errichtet, aber 1971 zu einem Großbetrieb in → *Oevenum* zusammengeschlossen wurden. Aber seit 1989 ist auch diese Meierei stillgelegt und die Milch der Föhrer Kühe wird von Tanklastern zu einer Meierei nahe Flensburg, Nordhackstedt, gefahren.

Lembke Hain Vom Südrand des Stadtzentrums bis zum → *Südstrand* reiht sich ein Grüngürtel von „Wäldchen" aneinander, die wesentlich zur Auflockerung des Seebades → *Wyk* beitragen und dem Ort eine gewisse Waldatmosphäre vermitteln. Die erste Anlage geht auf die Lembke-Stiftung des Heidekultur-Vereins im Jahr 1888 zurück, nachdem die Wyker Sparkasse dem Ort ein für 4500 Mark gekauftes Gelände geschenkt hatte.

Leuchttürme Es mag erstaunlich klingen: Aber Föhr mit einem Schiffsverkehr, wie ihn keine andere Nordseeinsel aufweisen kann, hat keinen „richtig großen" Leuchtturm, sondern nur zwei kleine Feuer für das Fahrwasser im Wattenmeer. An der Südostecke Olhörn bei → *Wyk*, direkt an der Strandpromenade und als Wächter über den Badestrand, steht ein Quermarkenfeuer mit einer Höhe von acht Metern. Es markiert eine Rundung im Fahrwasser der Norderaue, von der ein Ausläufer zum Festland, nach Dagebüll, und ein anderer zum → *Hafen* bzw. zum Fähranleger Wyk führt. Der heutige Turm wurde im Jahr 1953 anstelle des bisherigen errichtet. Das „Amtsblatt der Königl. Regierung" meldet für das Jahr 1912, dass „Ende des Jahres anstelle der jetzigen, nur 8,4 Meter hohen, hölzernen Bake des Quermarkenfeuers Oldenhörn bei Wyk auf Föhr ein etwa 11,5 Meter hohes, schmiedeeisernes Gerüst" errichtet worden ist. Dieses Gerüst wurde dann durch einen gemauerten Leuchtturm, einer der kleinsten an der deutschen Nordseeküste, ersetzt. Am → *Nieblumer* Strand wurde 1981 ein Leitfeuer installiert, das mit seinen Sektoren weiß, rot und grün mit einem Leitfeuer drüben an der Schule von → *Amrum* zwischen Süddorf und Nebel kommuniziert und der Sicherung des Fahrwassers Norderaue dient. Weitere Leit- und Quermarkenfeuer sind auf den → *Halligen* Langeneß, Oland und bei Dagebüll sichtbar.

Marsch heißt die grüne, fruchtbare Landschaft an der Nordseeküste und auf den Inseln und → *Halligen*, die im Durchschnitt nur einen Meter über dem Mittleren Hochwasser liegt und – mit Ausnahme der Halligen – durch → *Deiche* gegen Überflutungen seitens der Nordsee geschützt wird. Eingedeichtes Marschenland heißt in Holland und Ostfriesland „Polder", an der schleswig-holsteinischen Westküste „Koog". Marschenland besteht aus Sedimenten der Nordseefluten und hat eine hohe Punktzahl hinsichtlich der Fruchtbarkeit. Ihre Höhe über dem gegenwärtigen Meeresspiegel beweist, dass dieser vor Beginn der Zeitrechnung viel höher war als heute – als von der „Erwärmung" des Klimas, dem Abschmelzen der Polkappen und Hochgebirgsgletscher und dem Anstieg des Meeresspiegels noch keine Rede war. Die Föhrer Marsch bildet mit rund 50 Quadratkilometern den größeren Teil der insgesamt 82 Quadratkilometer großen Insel. Die an sich tischebene Fläche wird unterbrochen von einigen Senken, ehemaligen verlandeten Meeresbuchten, „Slawen" ge-

Oben: In der Föhrer Marsch, aber vor allem auf dem Deich, grasen Tausende von Schafen und erfüllen eine wichtige Aufgabe des Küstenschutzes.

Föhr hat keine hoch aufragenden Leuchttürme, wie sie auf den Nachbarinseln stehen. Aber der kleine Leuchtturm am Olhörn am Wyker Südstrand erfüllt auch seinen Zweck für die Einfahrt nach Wyk und zu Häfen bei Dagebüll und auf Amrum.

nannt. Hier standen vor der Flurbereinigung und Entwässerung ausgedehnte Schilfflächen. Andere große, heute noch vorhandene Wasserkuhlen (Wehlen) auf der seeabwärts gewandten Seite des → *Deiches* erinnern daran, dass hier der Boden für Deichreparaturen und -erhöhungen entnommen wurde – sie also künstlicher Natur sind. In der früher völlig baumlosen Marsch ragen nur die „Wäldchen" der sechs → *Vogelkojen* heraus und als einziger Bauernhof seit Mitte des 19. Jahrhunderts der → *Ackerumhof.* Erst durch die → *Aussiedlung* und Windschutzpflanzungen erhielt die Föhrer Marsch ab 1960 ihr heutiges Bild

„Meere" wird ein natürlicher See am Südrand von → *Nieblum* genannt. Im Sommer ist der See von zahlreichen See- und Wasservögeln belebt, die sich von den Gästen des Badeortes Nieblum füttern lassen. In der Abenddämmerung flattern Fledermäuse bei der Insektenjagd über die Wasserfläche.

Meiereien Die Bauerninsel Föhr hatte einmal drei Meiereien, zuerst im Jahr 1888 in → *Midlum* und wenig später auch in → *Oldsum* und → *Borgsum.* In diesen Betrieben wurden die Milchprodukte der Insel – unter den rund 13 000 Rindern im Jahr 1970 etwa 4000 Milchkühe – verarbeitet und dabei die Inseln Föhr und → *Amrum* mit ihren zahlreichen Kurgästen direkt beliefert. Allerdings mussten auch Auswüchse von Konkurrenzkampf der Meiereien gegeneinander registriert werden. Im Jahr 1971 schlossen sich die drei Betriebe zusammen und errichteten eine Zentralmeierei bei → *Oevenum.* Die jährliche Milchlieferung betrug 16 Millionen Kilogramm. Weil die Produktion im Winter höher war als der Eigenverbrauch auf Föhr und Amrum, wurden die Übermengen zum Festland „exportiert". Dann aber bot eine Meierei auf dem Festland – Nordhackstedt – für die Milch einen Pfennig mehr und die Mehrheit der Föhrer Bauern beschloss in bewegten Versammlungen,

Oben: Mitten auf der Insel, auf der
hoch ansteigenden Inselgeest, liegt
das beschauliche Friesendorf Midlum.
Vor einigen Jahrhunderten hatte das
Dorf sogar noch einen schiffbaren
Priel, über den es für Frachtschiffe
erreichbar war.

Die „Mittelbrücke" am Sandwall war
ursprünglich der Anlegeplatz der
WDR-Dampfer und ist noch heute,
inzwischen weiter ausgebaut, ein
beliebter Treffpunkt der Föhrer Kurgäste und der Einheimischen, die das
Geschehen am Strand und das Hin
und Her der Schiffe beobachten.

die eigene Meierei aufzugeben. Heute sammeln Tankwagen die Milch auf Föhr ein und befördern diese zum Festland. Das Meiereigebäude bei Oevenum ist an eine Sozialgesellschaft aus Berlin verkauft worden (→ *Landwirtschaft*).

Midlum Das Dorf in der Inselmitte hat einen Wahlspruch „Madlem bowen", Midlum oben, womit nicht nur die geografische Lage, sondern auch der Lokalpatriotismus zum Ausdruck gebracht wird. Ob Midlum das Dorf „in der Mitte" heißt, ist umstritten. Auch hier wird eher ein Personenname als Pate vermutet. Vor der Gründung des Ortes → *Wyk* war Midlum noch über einen Wasserlauf für kleinere Frachtschiffe erreichbar und stand anfangs in Konkurrenz zum Wyker → *Hafen*. Mitten im Dorf gibt es einen „Hermann-Nissen-Stieg", der an einen Fuhrunternehmer erinnert, der im strengen Eiswinter 1947, als die Inseln Föhr und → *Amrum* monatelang von Eis eingeschlossen waren, mit seinem Lastwagen eine „Eisstraße" zum Festland einrichtete und für Insulaner und Ostflüchtlinge lebenswichtige Waren besorgte. Auch nachdem Lastwagen im Eis einbrachen und mühsam von → *Feuerwehr* und Freiwilligen wieder „flott" gemacht werden mussten, setzte Hermann Nissen seine Versorgungsfahrten bis Anfang März 1947 fort.

Mittelbrücke Merkmal des → *Wyker* Strandes ist eine Brücke, die sich in Höhe der Mittelstraße vom → *Sandwall* bis über die Niedrigwasserlinie hinaus in das Wattenmeer zieht. Die Brücke ist ein viel besuchter Aufenthaltsort Wyker Badegäste und Ausgangspunkt von Segelregatten. Sie wurde 1856 auf Antrag der „Actiengesellschaft für die Dampfschiffahrt an der Westküste Schleswig-Holsteins" mit Sitz in Husum gebaut. Diese Gesellschaft war – lange vor Gründung der WDR – die Hauptverbindung zwischen dem Festland und dem Seebad Wyk und suchte mit einem

Antrag an die Fleckensverwaltung eine Anlegemöglichkeit für diese Dampferverbindung. Die Einfahrt zum → *Hafen* Wyk bestand nämlich nur aus einer Buhne und war zum Anlegen von Dampfern nur bedingt geeignet. Nachdem „höheren Orts", nämlich vom Amtshaus in Tondern, die Genehmigung zum Bau einer Brücke erteilt worden war, wurde dieselbe für eine Summe von knapp 200 Reichsbanktalern durch den Wyker Schiffszimmerermeister Peter Abraham Petersen errichtet. Aber nicht nur die Dampfer der Husumer Gesellschaft legten hier an, sondern auch Ausflugsschiffe und Seehundsjäger sowie Privatboote, später auch die Dampfer der 1885 gegründeten → *Wyker Dampfschiffs-Reederei* – lag doch die Brücke sozusagen am Zentrum der Stadt, die von den Anreisenden auf kurzen Wegen erreichbar war. Wo Schiffe an- und ablegen, versammeln sich gerne die älteren Fahrensleute, und das war auch an der Mittelbrücke der Fall. Hier stand zu diesem Zweck eine Bank, „Schifferbank" genannt, auf der sich die altgedienten Wyker Seeleute zum „Klönschnack" versammelten und mit kritischen Kommentaren das Hin und Her der Schiffe auf der Wyker Reede beobachteten. Aber längst sind die alten Seefahreroriginale verschwunden und die Dampfer legen an den modernen Einrichtungen am Wyker Hafen und am Fähranleger an.

Monument → *Denkmal*

Mühlen Die Bedeutung der → *Landwirtschaft* – auch im früher von der → *Seefahrt* geprägten Erwerbsleben – wurde durch eine Vielzahl von Windmühlen in fast allen Inseldörfern unterstrichen. Auch einige alte → *Grabsteine* auf den Friedhöfen von → *St. Nicolai* und → *St. Johannis*, die den damaligen Müllern (Hans Christiansen, → *Wyk*, gest. 1771 – Arfst Olufs Volkerts, → *Wrixum* (1814–1887) – Peter Friedrichs, → *Nieblum* (1754–1817)) gesetzt wurden, sind mit Mühlen geschmückt. Dabei handelt es sich um „Bockmühlen", einfache Mühlenkörper auf Holzböcken, die man in die jeweilige Windrichtung drehen musste. Die größeren Galerie-, Erdholländer- und Holländermühlen mit festem Körper und drehbarer Kappe entstanden erst Mitte des 19. Jahrhunderts. Zu dieser Zeit war auch der „Mühlenzwang" aufgehoben, nämlich die Verpflichtung der Landwirte, ihr Getreide ausschließlich in Mühlen ihres Dorfbezirks mahlen zu lassen. Die meisten Mühlen waren nämlich Pachtmühlen, auf deren Einnahmen die Landesherrschaft ihre Hand hatte. Nur in der Westerharde waren die Mühlen von dieser Verpflichtung befreit. Ganz und gar mit Holz gebaut und mit → *Reet* gedeckt bestand für Mühlen eine ständige Brandgefahr, was sich auch in der erhöhten Feuerversicherung und der Auflage, außerhalb der Dörfer zu stehen, bemerkbar machte. Mehrere der Föhrer Mühlen gingen dann auch im 19. Jahrhundert durch Blitzeinschlag, Brandstiftung und Selbstentzündung verloren und wurden nicht wieder aufgebaut. Andere verschwanden wegen Unrentabilität oder wurden mit Motoren betrieben. Von den auf Föhr noch vorhandenen vier Mühlen prägt eine Galerieholländermühle ungeachtet einiger konkurrierender Hochbauten das Panorama des Stadtbildes von Wyk. Ursprünglich, etwa ab 1738, stand hier eine Bockmühle, die 1830 durch eine Holländermühle ersetzt wurde. Diese soll 800 Zwangsgäste gehabt haben, eine erstaunlich hohe Zahl, denn die Feldmark von Wyk war klein. Und sicherlich haben auch die Bauern von → *Boldixum* dazugehört. Nach dem Tod des Müllers Christian Hansen geriet die Mühle 1775 in den Besitz des Fleckens Wyk, kam dann 1780 bzw. 1846 in die Hände der Müller Christian Brodersen bzw. Anton Volkert Hansen und wurde 1865 von Carsten Broder Andresen aus → *Alkersum* nebst Müllerhaus für 30 000 Mark Courant gekauft. Als dessen Sohn im September 1878 die Mühle übernehmen wollte, bemerkte er bei der Überfahrt nach Wyk ein Groß-feuer und fand seine eigene Mühle nur noch als Trümmer-haufen vor. Sein Vater Carsten Broder Andresen baute die Wyker Mühle aber wieder auf, als Galerieholländer, so wie sie heute noch steht. Es folgten dann vor und nach 1900 mehrere Besitzerwechsel, bis 1921 die Mühle stillgelegt und der Mühlenkörper zu Wohnzwecken ausgebaut wurde, zuletzt im Besitz des Architekten Horst Petersen. In Wrixum wurde schon 1464 eine Mühle belegt. Sie wurde 1660 von einem Sturm umgeweht und erschlug den Müller. Ein schöner Grabstein mit drei Bockmühlen im Giebel auf dem Friedhof von St. Nicolai berichtet vom Müller Hans Christiansen, der von 1739 an Besitzer der Wrixumer Mühle war und diese auch an die nächste und übernächste Generation weitergab. 1850 brannte die Mühle durch Brandstiftung eines dänischen Soldaten ab und es wurde die heutige Wrixumer Mühle errichtet, die bis 1960 in Betrieb war. In der Mühle wurde durch die nachfolgenden Besitzer W. Amerongen und Hans-Otto Buth ein kleines Mühlenmuseum sowie im ehemaligen Werkraum eine → *Gaststätte* eingerichtet. Die Borgsumer Mühle, ein Galerieholländer, erhielt durch die Familie → *Paulsen* nach umfangreicher Renovierung ihr heutiges Bild als Mittelpunkt und Zierde der Föhrer Landschaft. Zunächst hatte der aus Jütland stammende Müller Niels Petersen Hvar im Jahr 1744 eine Bockmühle errichtet, die über 130 Jahre in Familienbesitz blieb. Ein Blitz äscherte die Mühle im Jahr 1893 ein. Auf dem Festland wurde eine neue Mühle erworben, deren Kappe jedoch keine Wind-rose hatte, sodass die Flügel mittels Steert gegen den Wind gedreht werden mussten. Die Borgsumer Mühle war bis 1947 mit Windkraft in Betrieb, war aber auch schon für windstille Tage mit einem Motor ausgerüstet. Nach dem Tod des Müllers Cornelius Andresen (1952) übernahm

Oben: Föhr war früher die Insel der Mühlen, entsprechend der Bedeutung der Landwirtschaft. Heute sind noch vier „Gesellen des Windes" vorhanden und zieren die Silhouette von Wyk und die Landschaft draußen auf dem Land. In Betrieb ist allerdings keine mehr. Sie dienen kulturellen Zwecken oder sind Wohnmühlen, von ihren Besitzern liebevoll gepflegt. Die prächtig renovierte Borgsumer Mühle ist eine Zierde der Föhrer Landschaft.

Auch die Oldsumer Mühle (unten) liegt auf freiem Feld außerhalb des „Langdorfes" und ist ein Blickpunkt auf der sanft gewellten Geest der Föhrer Landschaft.

sein Sohn Willi die Mühle und betrieb diese bis 1982. Dann geriet sie in den Besitz eines Auswärtigen aus Bochum, der die unschöne Baracke neben der Mühle abbrechen, die Mühle selbst aber verfallen ließ, ehe sie dann in den Besitz von Otto Paulsen kam und prächtig renoviert wurde. Die → *Oldsumer* Mühle ließ sich als Genossenschaftsmühle von etwa 1700 bis 1900 nachweisen. Im letztgenannten Jahr brannte die Mühle ab und die Genossenschaft löste sich auf. Daraufhin baute der Kapitän Boy Rickmers für seinen Sohn eine neue Mühle, die bis 1954 in Betrieb war. Dann wurde sie von dem Wyker Notar Dr. Preisler gekauft und in den Jahren 1971/72 nach Wiederherstellung des ursprünglichen Bildes mit Wohnungen und als Museumsmühle ausgebaut.

Muschelfischerei Gewerbliche Fischerei hat auf Föhr nie eine große Rolle gespielt. Wohl lässt sich anhand von „Riemengelder-Registern" die Teilnahme Föhrer Fischer am Heringsfang bei Helgoland nachweisen. Aber das ist 500 Jahre her. Und die → *Krabbenfischerei* datiert erst seit den 1950er Jahren. Umso bedeutender ist die Miesmuschelfischerei, deren Ursprung sich auf Föhr bis in das Jahr 1930 zurückverfolgen lässt. Es war der aus Wuppertal eingewanderte Karl Emde, der – entsprechend den Erfahrungen seiner holländischen Familie – in → *Wyk* die Miesmuschelfischerei begründete, die bald eine wachsende Bedeutung, insbesondere für die Ernährung der Bevölkerung in den Kriegs- und Nachkriegsjahren, errang, denn eine „Muschelfabrik" beschäftigte damals etliche Hände. Nach dem Krieg setzte die Familie Emde die Muschelfischerei mit speziellen Muschelkuttern fort. Aber dann drängten sich englische und holländische Unternehmer mit modernen, von der EU „subventionierten" Kuttern in die Muschelfischerei, während fast gleichzeitig Auseinandersetzungen mit dem → *Naturschutz*, dem 1985 eingerichteten Nationalpark Wattenmeer folgten, ehe eine Übereinkunft festgeschrieben wurde. Auf dem Festland, nördlich von Dagebüll, wurde eine Muschelentsandungsanlage gebaut. Aber in Wyk gibt es keine dort beheimateten Muschelfischer mehr. Wohl liegen noch öfter die großen, modernen Muschelkutter im → *Hafen*, aber diese gehören der Firma Royal Frysk.

Muscheln sind Weichtiere, die in Mengen im Sand und im Schlick des Wattenmeeres rund um Föhr leben, fast alle Arten eingegraben, die großen Sandklaffmuscheln bis zu 30 Zentimeter tief, die häufigen Herzmuscheln jedoch nur fingertief im Boden. Zwei einheimische Arten, die Miesmuscheln und die → *Austern*, leben oberirdisch auf dem Meeresboden. Der tägliche Flutsaum des Hochwassers am Strand wird vor allem von Muscheln bestimmt, vielmehr deren Schalen als Reste der längst gestorbenen Tiere.

Museum Kunst der Westküste Neben der → *Ferring Stiftung*, dem bedeutendsten Archiv Föhr-Amrumer Geschichte, bietet das Dorf → *Alkersum* eine weitere Attraktion, die – wie die Stiftung – auch dem Wirken der Familie → *Paulsen* zu verdanken ist. Das Museum „Kunst der Westküste" wurde am 31. Juli 2009 im Beisein der dänischen Königin Margrethe II., dem schleswig-holsteinischen Ministerpräsidenten Peter Harry Carstensen und der Königin von Bhutan eröffnet. Grundstock dieses Museums ist die Gemäldesammlung von Prof. Frederik Paulsen jun., die sich vor allem mit Themen der Westküste von den Niederlanden über die Friesischen Inseln bis Dänemark befasst. Der mehrgliedrige Gebäudekomplex im Zentrum des Friesenhausdorfes, nach einem Entwurf des Architekten Gregor Sunder-Plassmann, enthält in sechs Sälen eine Ausstellungsfläche von 900 Quadratmetern, in denen neben den Gemälden aus dem Hause Paulsen wechselnde Ausstellungen renommierter Künstler gezeigt werden.

Oben: Aus der früheren Bäckerei Braren entwickelte sich dank der Initiative
der Familie Paulsen das einzigartige
Museum „Kunst der Westküste" mit
Gemälden von Malern aus Holland
bis Dänemark. Schon bald nach der
Eröffnung am 31. Juli 2009 wurde das
Museum mit wechselnden Ausstellungen zu einem „Mekka" für Kunstlieb-
haber und Besucher der Insel Föhr.

Das „Vogelparadies" Wyk entstand
durch Menschenhand, durch Bodenaushub für die Verstärkung des Föhrer
Deiches. Besonders bemerkenswert
ist die Bildung einer Brutkolonie von
Kormoranen, die draußen in der
Nordsee ihre Nahrung, Fische, holen.

Schon zwei Jahre nach der Eröffnung konnte das Museum über 100 000 Besucher verzeichnen und ist damit zu einem kulturellen Mittelpunkt der Insel Föhr geworden. Angeschlossen ist ein Restaurant, nach einer früheren Wirtin „Grethjens Gasthof" genannt.

Näshörn Die abgerundete Insel Föhr weist inmitten der Ostküste einen Landvorsprung auf – nach der Landschaftsform Näshörn, Naseneck, genannt. Die frühere, fast ganzjährig nasse und mit Schilf bewachsene Gegend mit Brutkolonien der → *Lachmöwen* und einem Revier für Rohrweihen wird heute über ein Grabensystem in Richtung Laglum-Siel bei → *Wyk* entwässert. Im nördlichen Teil von Näshörn befindet sich die Boldixumer → *Vogelkoje*, die aber nicht mehr in Betrieb ist und zu festgesetzten Zeiten Besuchern offen steht.

Naturschutz Föhr ist eine weitgehend landwirtschaftlich genutzte Insel und weist kein eigentliches Naturschutzgebiet mit den entsprechenden Verordnungen auf. Trotzdem gibt es auf Föhr eine Reihe von Vogelschutzgebieten und Initiativen des Naturschutzes, wobei der private Verein → *Elmeere* unter Führung des Wykers Dieter Risse die bedeutendste Rolle spielt. Ein Vogelparadies besonderer Art ist die Teich- und Flusslandschaft nördlich von Wyk, entstanden durch Menschenhand, nämlich durch Bodenaushub für die Verstärkung des Föhrer Deiches und als „Ausgleichsmaßnahme" deklariert. Auf den Inseln und an den schilfbewachsenen Teichrändern brüten Graugänse, sogar Nonnengänse, diverse Wildentenarten, Möwen, darunter die Mantelmöwe und Kormorane. Letztere haben auf Inseln und auf Bäumen eine Kolonie von bis zu 20 Vögeln gebildet, die täglich von hier zum Fischen zur Nordsee fliegen. Dieses „Vogelparadies Wyk" gehört dem Deich- und Sielverband, ist weder bewacht noch durch Verbotsschilder markiert und vielleicht gerade deshalb so interessant. Die Salzwiesen des → *Toftumer* und → *Midlumer* → *Vorlandes* gehören zum Bereich Nationalpark Wattenmeer und sind durch einen hohen Stacheldrahtzaun zum → *Deich* gegen Menschen abgeschlossen. Auf dem Deich bei → *Oldsum* befindet sich eine Wachhütte der Schutzstation Wattenmeer, die – sporadisch besetzt – das Betreten der Vorländer verhindern soll. Aber auf diesen Vorländern ist die Fauna und Flora durch den ideologisch motivierten „Naturschutz" faktisch ruiniert. Das Verbot jeglicher menschlicher Eingriffe bedingte hier eine einseitige, hochwachsende Vegetation, die weder eine Vielfalt von Salzpflanzen noch eine artenreiche Brutvogelwelt ermöglicht, weil diese auf eine niedrige, überschaubare Vegetation angewiesen ist. Vogelschutzgebiet ist auch ein Teil der → *Godelmarsch*.

Nerong, Ocke (1852–1909) Der in → *Wrixum* geborene Sohn des Ehepaars Johannes und Ingke geb. Hinrichsen wurde als Schüler von Pastor Frerks zu → *St. Nicolai* gefördert, besuchte von 1872 bis 1875 das Seminar in Tondern und war von 1875 bis 1880 Lehrer in → *Alkersum*, ehe er 1880 die 1. Lehrerstelle in Dollerup östlich von Flensburg übernahm. Ocke Nerong machte sich um die Erforschung der Inselgeschichte verdient und publizierte mehrere Bücher sowie Beiträge in Zeitschriften und Jahrbüchern über Föhr, auch als er in Dollerup lebte. Er war verheiratet mit Friederike Lorenzen, der Tochter eines Werftbesitzers und Schiffsbauers in → *Wyk*. Die Hauptstraße in Wrixum ist nach Ocke Nerong benannt.

Nieblum Mit etwa 1100 Einwohnern und einer Fläche von knapp 800 Hektar, wozu die Nebensiedlungen Bredland und Greveling sowie als Ortsteil das benachbarte Dorf → *Goting* gehören, ist Nieblum die größte Dorfgemeinde auf Föhr. Kennzeichnend sind die überwiegenden Häuser im Friesenstil, sodass Nieblum als eines der „schönsten

Dörfer" in der alten Bundesrepublik ausgezeichnet wurde. Dass es seinen urtümlichen Charakter in den Jahrzehnten des „Modernisierungswahns" in den 1960/70er Jahren bewahrt hat, ist vor allem dem damaligen Bürgermeister Hans Zumpe zu verdanken. Vor 1864 war Nieblum der „Hauptort" der Westerharde Föhr-Amrum. Hier residierten die Birk- und Landvögte, und hier fanden die Gerichtsverhandlungen statt, deren „Tingprotokolle" seit dem 17. Jahrhundert überliefert sind. Aber nur der südliche Teil des Dorfes gehört zur Westerharde bzw. → *Westerlandföhr*. Der nördliche Teil war faktisch „Ausland", zum Herzogtum gehörend. Die Grenze verlief auf der heutigen Hauptstraße. Nieblum war und ist weniger bäuerlich geprägt als andere Föhrer Dörfer. Schon frühzeitig erschloss sich das Dorf dem → *Fremdenverkehr*. Bereits 1912 erhielt Nieblum für seinen Strand eine Badekonzession und seit 1931 ist es staatlich anerkanntes Nordseebad. Im Jahr 2006 zählte Nieblum rund 190 000 Übernachtungen. Und an der → *„Meere"* wurde zusammen mit der Kirchengemeinde das „Haus des Gastes" für Veranstaltungen der → *Kirche* und des Kurbetriebs errichtet. Ein 18-Loch-Golfplatz auf der Gemarkung der Gemeinde vervollständigt die Infrastruktur des Dorfes, dessen Hauptstraße von zahlreichen, originellen → *Gaststätten* geprägt wird. Zwei bekannte Föhrer, der Lehrer Kertelhein, der Initiator der Dorfalleen war, und der Seefahrer und Reeder Jens-Jakob Eschels, gaben der von Osterland- nach Westerlandföhr durchgehenden Dorfstraße ihren Namen. Im Gegensatz zu anderen Föhrer Dörfern ist der Ortsname Nieblum hinreichend geklärt. Nieblum heißt Neue Bohle, Nei Büll (vergl. Niebüll auf dem Festland und Nebel auf → *Amrum*), eine Ansiedlung um die Kirche. Die → *Kirche* St. Johannis ist mit ihren Querhäusern und ihrer Ausstattung die besondere Attraktion von Nieblum.

Oben: Mit seinen originalen Friesenhäusern, den Baumalleen, einer
zünftigen Gastronomie und dem
„Friesendom", der St. Johanniskirche,
gilt Nieblum in der Bundesrepublik als
„Schönes Dorf" und wurde entsprechend ausgezeichnet. Wesentlichen
Anteil an diesem Status hatte der
langjährige Bürgermeister Hans

Zumpe, der sich, selbst nicht gebürti-
ger Föhrer, bei den Behörden um den
Denkmalschutz bemühte. Aber auch
andere Föhrer Dörfer haben vieles von
ihrer Ursprünglichkeit bewahrt und
die „Modernisierung" erfolgreich in
Grenzen gehalten, wie hier zum Beispiel in Oevenum (unten).

Oevenum Neben → *Nieblum* das größte Dorf auf Föhr. In der Inselmitte liegend hat es seinen Charakter mit Friesenhäusern weitgehend bewahrt. Ocke → *Nerong* und ältere Chronisten vermuten, dass Oevenum einen Vorläufer als Dorf oder als Siedlung in der → *Marsch* hatte, von dort aber wegen der Sturmfluten auf die höhere → *Geest* verlagert wurde. In Oevenum wurde Lorenz Conrad → *Peters* (1885–1949) geboren, der sich wie kein anderer für die friesische Sprache engagierte und Autor zahlreicher Liedtexte ist. Für altfriesisches Inselleben, insbesondere auch für die → *Landwirtschaft* und ihre Geräte in älterer Zeit sowie für die → *Seefahrt* und andere Lebensbereiche setzten sich auch Ingke und Heie Sönksen-Martens ein, die eine frühere Scheune zu einem Museum umgestalteten, das jetzt nach → *Alkersum* verlegt werden soll. 1882 wurde in Oevenum die erste Jugendfeuerwehr in Deutschland gegründet und von 1971 bis 1989 war hier der Standort der Inselmeierei. Von Bedeutung ist auch der während der Sommermonate stattfindende wöchentliche Dorfmarkt mit seinem landwirtschaftlichen Flair.

Ohlhörn Alte Ecke heißt die Rundung an der → *Wyker* Südostküste mit dem kleinen → *Leuchtturm*. Zunächst stand er ganz allein hier, ehe am → *Südstrand* um 1900 ein Sanatorium und eine Villenkolonie entstanden.

Oldsum Wie andere Föhrer Dörfer liegt Oldsum am Rand der → *Marsch* auf der ansteigenden Inselgeest, zusammengewachsen mit den Dörfern → *Klintum* und → *Toftum*. Von einer durchgehenden Hauptstraße der genannten Dörfer, die auch zusammen „Langdorf" genannt werden, ziehen sich schmale Gassen hinunter zu den Marschenwiesen und öffnen den Blick bis zum Deich. Ein Gedenkstein an der Hauptstraße, hierher versetzt aus einem abgebrochenen Haus, erinnert an die „Fluthöhe" bei der großen Sturmflut in der Nacht vom 3. auf den 4. Februar 1825, als zum letzten Mal der Föhrer → *Deich* brach und die Flut die tieferen Lagen des Dorfes erreichte. Nachdem auch aus Oldsum viele der kleinen Bauernstellen ausgesiedelt worden waren, wurden die idyllischen Friesenhäuser mit ihren Obstbaumgärten von kapitalkräftigen auswärtigen Inselfreunden gekauft, sodass heute ein beachtlicher Teil des Dorfes in fremder Hand ist – ein Umstand, der auch für andere Föhrer Dörfer gilt. Wahrzeichen des „Langdorfes" ist eine Galeriemühle, die zwar 1954 ihren Betrieb einstellte, aber von privaten Investoren als Wohnmühle ausgebaut wurde. Im Norden, auf dem Oldsumer → *Vorland,* ist ein kleiner, sandiger Bereich als Badestelle ausgewiesen. Immerhin meldet das Langdorf jährlich um die 50 000 Übernachtungen.

Onerbaalkis, auch Oterbaanke Ein Zwergenvolk in der Föhrer Sagenwelt. Die Onerbaalkis waren kleine Leute, die in Höhlen, vor allem in den vorzeitlichen Hügelgräbern lebten, sich verwandeln und zaubern konnten und im Guten und Bösen mit Menschen in Berührung kamen. Beispielsweise trachteten die Zwerge danach, den Menschen die Babys aus der Wiege zu stehlen, um diese dann ihrem Volk einzuverleiben. Der Aberglaube daran war noch bis ins 18./19. Jahrhundert so stark, dass man den Babys eine geöffnete Schere auf die Bettdecke legte. Die Schere bildete eine Kreuzform, und gegen christliche Symbole waren die Onerbaalkis allergisch. In einer dunklen Nacht sollen dann alle Zwerge von einem → *Utersumer* Schiffer nach → *Amrum* gebracht worden sein, wo sie noch lange in den Dünenhügeln lebten. Ihr König hatte dem Schiffer für jeden seines Volkes einen Taler versprochen. Aber auf Amrum sprangen die Zwerge aus dem Schiff und verschwanden in der Dunkelheit. Doch als der Schiffer enttäuscht und mürrisch nach Hause kam, stieß er auf der Türschwelle auf einen Hut, der mit Goldmünzen gefüllt war. Er zählte nach und war erstaunt, wie viele Onerbaalkis es auf Föhr gegeben hatte.

Osterlandföhr – Westerlandföhr Schon in der ältesten landeskundlichen Beschreibung der nordfriesischen Inselwelt, im „Erdbuch" des dänischen Königs Waldemar II., das um 1231 zwecks Übersicht über das Dänenreich und über die Steuereinnahmen angelegt wurde, war die Insel Föhr in zwei → *Harden*, dänische Verwaltungsbezirke, geteilt. Die Osterharde (Osterlandföhr) gehörte zum Herzogtum Schleswig, die Westerharde (Westerlandföhr) aber unmittelbar als Enklave zum Königreich Dänemark. Zur Westerharde gehörte auch die Nachbarinsel → *Amrum*. Dieser Zustand blieb dann über einen Zeitraum von fast 700 Jahren erhalten, bis zum Staatswechsel nach dem Krieg von 1864 zwischen Dänemark und den deutschen Großmächten Preußen und Österreich. Historiker rätseln noch heute, warum Dänemark an diesem Zustand – zu den dänischen Enklaven gehörte auch noch das Listland auf → *Sylt* – so hartnäckig ungeachtet der politischen Wechselfälle festhielt. Vermutet wird, dass die Hafenlagen auf Amrum (Hafenbucht Seenodde) und Sylt (Königshafen List) der Grund dafür waren, diese Inselteile im Königreich zu behalten. Die politische Teilung der Insel Föhr mitten durch die → *Marsch* und durch das Dorf → *Nieblum* bewirkte dann manche kuriose Erscheinung und die Trennung wichtiger kommunaler Vorhaben, so zum Beispiel beim Deichbau, als allen Ernstes erwogen wurde, einen Deich auf der Hardesgrenze zu bauen, weil man sich über die Deichlasten nicht einig werden konnte.

Oterbaanke → *Onerbaalkis*

Paulsen, Frederik Mit seinem Namen verbindet sich die bedeutendste Kulturinstitution in Nordfriesland, die → *Ferring Stiftung* in → *Alkersum* auf Föhr. Geboren wurde Frederik Paulsen am 31. Juli 1909 in Dagebüll, wo sein Vater Otto, verheiratet mit Keike geb. → *Arfsten*, als Postbeamter tätig war. Zwecks Ausbildung seiner Kinder ließ sich der Vater 1913 nach Erfde und 1917 nach Kiel versetzen. Nach dem Abitur studierte Frederik in Kiel Medizin, geriet aber bald in Konfrontation mit dem Nationalsozialismus und wurde 1933 wegen seiner Beziehung zu oppositionellen Gruppen verhaftet und zu einer 18-monatigen Gefängnisstrafe verurteilt, die er in Neumünster verbüßte. Vorher, 1935, hatte er noch seine Dissertation in Kiel vorgelegt. Nach seiner Entlassung emigrierte Frederik Paulsen über Dänemark nach Schweden, wo er sich eine berufliche Zukunft aufbaute. Mit seiner Erfindung, Hirnanhangshormone zu isolieren, wurde die Grundlage zu einer eigenen pharmazeutischen Fabrik gelegt und aus einem kleinen Labor, dem Nordiska Hormonlaboratoriet in Malmö, eine Weltfirma begründet. 1942 war er durch eine Sonderregelung schwedischer Staatsbürger geworden, nachdem er 1939 die Schwedin Margareta Liljequist geheiratet hatte. Drei Kinder wurden dem Ehepaar geboren. Ungeachtet seiner erfolgreichen Arbeit blieb aber immer die Verbindung mit Föhr und seiner Herkunft als Friese bestehen, die sich nach Kriegsende zu einem dauernden Engagement verstärkte. 1961 konnte Frederik Paulsen das Geburtshaus seiner Mutter Keike in Alkersum kaufen, und bald wurde dieses Dorf in der Mitte der Insel Föhr der Mittelpunkt seines weiteren Lebens – nachdem er 1958 in zweiter Ehe Eva geb. Frandsen aus Kopenhagen geheiratet hatte. Bis um 1970 blieb er Leiter der inzwischen europaweit agierenden Ferring-Werke, übergab diese dann aber seinem Sohn Frederik, um sich noch intensiver um die Belange seiner friesischen Heimat zu kümmern. Jahrelang war er Vorsitzender des Nordfriesischen Instituts. Aber ein besonderes Denkmal setzte sich Frederik Paulsen durch

Dank der Initiative der Familie Frederik Paulsen entstand in Alkersum die
bedeutendste Kulturinstitution Nordfrieslands – die Ferring Stiftung, die
sich mit der Erforschung und Pflege
der Geschichte und Sprache von Föhr
und Amrum befasst und neben Bibliothek und Archiv in großzügigen Räumlichkeiten neuerdings auch friesische
Radiosendungen betreut.

Frederik Paulsen, Begründer der Ferring Stiftung und unermüdlicher
finanzkräftiger Förderer der inselfriesischen Kultur.

die Gründung der Ferring Stiftung im Jahr 1988 sowie die großzügige finanzielle Ausstattung dieser Stiftung für ihre vielseitigen Aktivitäten auf dem Sektor inselfriesischer Kultur, auch unter Einbezug heimatkundlicher Regionalforschung und deren Förderung durch ein umfangreiches Archiv nebst Bibliothek, die allen Interessierten zur Verfügung steht. Nach dem Tod von Frederik Paulsen am 3. Juni 1997 führte seine Frau Eva das Werk weiter, das jetzt in einem Gebäude in Alkersum nach dem Tod von Eva Paulsen (15. Oktober 2004) „hauptamtlich" geleitet wird und sich unverändert der Zuwendungen der Familie Paulsen, jetzt des Sohnes Frederik, erfreut.

Petaluma Etwa 100 Kilometer nördlich von San Francisco in Kalifornien (USA) gelegen, hat Petaluma für Föhrer einen besonderen Rang und Klang. Nebst New York war die Stadt ein spezieller Schwerpunkt der → *Auswanderung* von Föhr im 19./20. Jahrhundert. Während aber die Föhrer in New York vorwiegend Delikatessenläden (Delis) betrieben, arbeiteten die Föhrer in Petaluma in der → *Landwirtschaft* oder machten sich als Hühnerfarmer einen Namen. Eine Dorfstraße in → *Alkersum* erinnert noch an diesen Ort, der Hunderten von Föhrern zur zweiten Heimat wurde.

Peters, Lorenz Conrad „Lonje", wie er auf Föhr von seinen Landsleuten genannt wurde und wird, ist ohne Zweifel der größte Dichter friesischer Sprache. Zahlreich sind die noch heute zu Festlichkeiten gesungenen Lieder, zu denen er teilweise auch die Melodien komponiert hat. Das Lied „Loonslidj huuch a harten, Rüme'm ei at fial" (Landleute, hoch die Herzen. Räumet nicht das Feld) ist sozusagen das Mutmacherlied auf Föhr und → *Amrum* geworden, wenn es darum ging und geht, die eigenständige friesische Sprache, die auf beiden Inseln fast gleichlautend ist, gegen den Einbruch des Hochdeutschen zu bewahren. Ebenso hat „Lonje" auch für beide Inseln die

„Nationalhymnen" geschrieben, so „Diar as min leew Eilun ..." (Föhr) oder „Min Öömrang Lun" (Amrum). Aber auch gefühlvolle Lieder („Somerinj bi Strun"), lustige Zechgesänge und Heimwehlieder von Ausgewanderten hat Lorenz Conrad Peters in großer Zahl zu Papier gebracht. Als Hauptwerk gilt die oft aufgeführte Komödie „Oome Petje ütj Ameerika". Geboren 1885 in → *Oevenum* als drittes Kind des Landwirts Nahmen Peters und seiner Ehefrau Julia geb. Knudsen, wuchs Lorenz Conrad mit sieben Geschwistern im dörflichen Leben auf und wurde auf Empfehlung des Pastors auf die höhere Schule geschickt. In der Oberrealschule Flensburg machte er 1906 sein Abitur, studierte in Marburg, München, Berlin und Kiel Philologie und promovierte 1912 mit einer Arbeit über „Das föhringer Haus". Gleichzeitig bestand er auch die Prüfung für das Lehramt an höheren Schulen. In der Zeit des Kaiserreichs, durch Fronterfahrungen im Ersten Weltkrieg und insbesondere in der Abstimmungszeit um 1920 wurde auch „Lonje" von deutsch-nationaler Stimmung erfasst, aber die 1920er Jahre – als er Gymnasiallehrer in Husum war – wurden auch die aktivsten Jahre für seine friesische Arbeit, die mit beinahe missionarischem Eifer betrieben wurde. Im „Dritten Reich" geriet Lorenz Conrad Peters als Freimaurer und Freigeist in Konfrontation mit dem Nationalsozialismus und wurde 1934 sogar in „Schutzhaft" genommen. Nazipöbel warf später die Fenster seines Hauses in Husum ein. Die Erfahrungen mit dem „Dritten Reich" bedingten dann nach Kriegsende seinen Stellungswechsel zur dänischen Seite, wobei er aber unverändert für die friesische Sache eintrat, in der Erkenntnis, dass diese besser im kleinen, gemütlichen Dänemark aufgehoben ist als im kriegslüsternen Deutschland. „Lonje" starb im Juli 1949 in einem dänischen Krankenhaus und wurde in Husum begraben.

Ein Friesenhaus bekommt eine Reet-
dachhaube. Garbe um Garbe wird an
Dachsparren gebunden – eine Arbeit,
die Spezialwissen erfordert, aber dank
des Baubooms derzeit wieder gefragt
ist.

Lorenz Conrad Peters, größter Dichter
der friesischen Sprache. Die meisten
Verse und Lieder in dieser Mundart
wurden von „Lonje", wie er auf Föhr
genannt wird, zu Papier gebracht.

Quallen Nesseltiere, die zu verschiedenen Jahreszeiten am Inselstrand erscheinen, zuerst im Frühjahr die nur weintraubengroßen Kugelrippenquallen (Seestachelbeere), wenig später die esstellergroßen blauen Ohrenquallen und im Hochsommer die großen Wurzelmundquallen sowie die deutlich gezeichneten Kompassquallen, deren Nesselgift ungefährlich ist. Der Hochsommer ist auch die Zeit der Blauen und Gelben Nesselquallen, die zu den „Feuerquallen" gehören. Insbesondere die „Gelbe", deren Glocken Durchmesser von bis zu einem Meter erreichen können, kann bei Berührung mit Badegästen empfindliches und stundenlanges Brennen auf der Haut sowie Brandblasen verursachen.

Reet Trockene Schilfhalme, die zum Decken der Dächer von Friesenhäusern verwendet werden und dem Haus ein harmonisches, in die Insellandschaft passendes Aussehen verleihen. Zugleich sorgen sie für ausgeglichene Temperaturen, im Sommer nicht zu heiß und im Winter nicht zu kalt. Früher wurde Schilf bei Frostwetter in Mengen in den Niederungen der Föhrer → *Marsch* (Slawen u. a.) geerntet, aber nach Flurbereinigung und Entwässerung sind die Reetflächen bis auf Reste verschwunden, sodass Reet (Schilf) vom Plattensee in Ungarn und aus anderen Ländern importiert werden muss. Dank des Baubooms auf der Insel und der neuentdeckten Liebe zum Reetdach hat auch das alte Handwerk des Reetdachdeckers unverändert eine solide Grundlage gefunden.

Ringreiten Für die → *Landwirtschaft* spielen Pferde auf Föhr keine Rolle mehr. Aber auf Reiterhöfen und in zahlreichen privaten Ställen stehen noch etliche Pferde für den Reitsport. Dazu gehören nicht nur die traditionellen Ausritte und Ausfahrten zu verschiedenen Fest- und Feiertagen im Jahr, sondern auch das Ringreiten. Mehrere Ringreitervereine haben sich in den Inseldörfern etabliert, darunter auch einer ausschließlich für Damen. Im Lauf des Sommers werden in mehreren Föhrer Dörfern Wettkämpfe der Ringreiter ausgetragen, wobei es darum geht, durch die Menge der vom Rücken eines Pferdes „gestochenen" Ringe die Königswürde zu erringen.

Sagen Föhr ist eine Insel mit zahlreichen Sagen aus alter Zeit. Da gab es die Unterirdischen, ein Zwergenvolk in den vorgeschichtlichen Hügelgräbern, die sich auch als Puken in den Häusern der Insulaner tummelten und manche gute Tat, aber auch Schelmenstreiche verübten oder als Klabautermänner zur See fuhren und Schiffe vor dem Untergang bewahrten, solange sie an Bord waren. „Troler"/Hexen trieben ihr Unwesen und noch 1614 kam es zu einem Hexenprozess, der mit dem Todesurteil durch Verbrennung für das betroffene Mädchen endete. Der Meeresgott der Friesen hieß Ekke Nekkepenn und seine walrossähnliche Gattin Ran. Es gab „Vorbrennen", Feuerzeichen von nahen Unglücksfällen und „Gunger", das geisterhafte Erscheinen von Seeleuten, die ertrunken waren, am Tag ihres Todes nachts an den Betten ihrer Verwandten.

„Saltnem" heißt ein durch die → *Marsch* fließender Wasserlauf auf der Grenze zwischen → *Westerland-* und → *Osterlandföhr*. Der frühere Grenzfluss markiert die Trennung der beiden Föhrer Landschaften in einen Teil des Herzogtums Schleswig und einen Teil, der zum Königreich Dänemark gehörte. Mit dieser Grenze verbanden sich bis in die jüngste Zeit Aversionen und noch kürzlich hörte man in einem Westerlandföhrer Dorf die Warnung: „Hoker auer Saltnem freit, wort bedraanj of wal bedreeg" (Wer über Saltnem, der Wasserlauf, der beide → *Harden* trennt, nach Osterlandföhr heiratet, wird betrogen oder will betrügen.).

Salzflora Salzverträgliche Pflanzen, die auf dem Föhrer Sandstrand (Meersenf, Salzkraut, Salzmiere, Milchkraut u. a.) und auf den Salzwiesen auf den Vorländern im Norden

Ringreiten hat auf Föhr noch immer einen hohen Stellenwert in den sommerlichen Veranstaltungskalendern. Etliche Vereine, darunter auch einer nur für Frauen, führen, begleitet von Musikkapellen, von Dorf zu Dorf Ringreiter-Wettbewerbe durch, bei denen es darauf ankommt, möglichst viele Ringe zu „stechen" und die Königinnen- bzw. Königswürde zu erringen.

wachsen (Queller, Schlickgras, Strandwermut, Strandflieder, Strandaster u. a.) – Pflanzen, die gelegentliches Überfluten mit Salzwasser vertragen und teilweise auch für ihr Gedeihen benötigen. Die fleischigen Blätter des Meerstrand-Wegerichs, „Suuden" genannt, wurden früher gesammelt und als Gemüse gekocht.

Salzsieder Die Gewinnung von Salz durch Verbrennen von Seetorf und das Heraussieden aus der Asche spielte in Nordfriesland bis ins 18. Jahrhundert eine beachtliche Rolle. Auch auf Föhr gab es solche Salzsieder, so am Ufer nahe → *Hedehusum-Witsum*, wo der Salztorf im nahen → *Watt* ausgegraben und mit Schuten an Land befördert wurde. Hier wurde sogar noch unmittelbar nach Ende des Zweiten Weltkriegs Torf gegraben, aber nicht für die Salzgewinnung, sondern um Brennmaterial zu produzieren und den Mangel an Kohlen und anderen Brennstoffen auszugleichen. Am Deich bei → *Wyk* erinnert der Name „Salzgras" daran, dass auch hier in ferner Zeit eine Salzsiederei war.

Sandwall heißt die Wyker Ostküste zwischen → *Mittelbrücke* und → *Ohlhörn*. Sie ist die Lebensader der Badestadt → *Wyk*, denn hier reiht sich Geschäft an Geschäft, befindet sich das Veranstaltungszentrum mit Kurhaus und Kurgartensaal, der Musikpavillon, die Mittelbrücke und vor allem der Strand mit Hunderten von Strandkörben sowie ein auch zur Ebbezeit nutzbarer Badestrand.

Schafe Tausende Schafe bevölkern den Föhrer → *Deich*. Sie treten den Deichrasen fest und halten diesen durch Beweidung kurz, leisten damit einen wichtigen Beitrag zum → *Küstenschutz*. Die Strecke des Deiches ist in mehrere Abschnitte eingeteilt, in denen die jeweiligen Landwirte ihre Tiere halten. Der Deich selbst aber gehört dem Staat. Es gibt übrigens einen sinnigen Spruch über damalige Schafhirten: „Leewer Schoophürd an de Diek als Bürger-

Oben: Sandwall heißt die Strandzone am Ostufer von Wyk. Auf dem Wall reihen sich Häuser, Geschäfte und Cafés, spielt das Orchester in der Kurmuschel und flanieren Kurgäste, unten auf einer beachtlichen Sandfläche reihen sich im Sommer die Strandkörbe und tummelt sich das Badeleben.

Am Föhrer Deich stehen mehrere Schöpfwerke, die über kleine und große Wasserläufe das überschüssige Niederschlagswasser aus der Marsch sammeln und in die Nordsee leiten. Hier das Schöpfwerk von Oldsum.

Die Seefahrt war über mehrere Jahrhunderte die bedeutendste Epoche
der Inselgeschichte. Föhrer Kapitäne
führten Handelsschiffe über alle
Meere der Welt. Als sogenannte „Kapi-
tänsbilder" sind diese Schiffe – wie
hier die „Athene" – noch in etlichen
Stuben auf Föhr oder in Museen vorhanden und vermitteln der Gegenwart
den Duft der großen, weiten Welt, als
noch niemand ans Verreisen dachte.

Zu den bekanntesten Kapitänen Mitte
des 19. Jahrhunderts zählte Paul
Nickels Paulsen. Er führte für die
Hamburger Reederei Sloman das
erste Dampfschiff mit Auswanderern
nach Amerika.

meister in de Wyk." Der Spruch verrät, dass ein Schafhirte am Deich ein gemütlicheres Leben hatte als ein Bürgermeister in → *Wyk*, der manchmal nur mit Schwierigkeiten gegen die Zentralverwaltung sein Amt ausüben konnte.

Schöpfwerke „Kanale" und „Flett" heißen die mächtigen, kilometerlangen Wasserläufe in der Föhrer → *Marsch*, die das Wasser zu den Schöpfwerken am Föhrer → *Deich* führen. Laglum an der Ostküste nördlich von → *Wyk*, Föhr-Mitte bei → *Oldsum* und Föhr-West bei → *Dunsum* sind die drei Anlagen, die im Zug der Flurbereinigung durch staatliche Initiative für die Entwässerung sorgen.

Seefahrt Über einen langen Zeitraum, vom 15./16. Jahrhundert bis in das 20. Jahrhundert hinein, spielte die Seefahrt im Erwerbsleben der Föhrer die größte Rolle. Schon um 1540 lassen sich Verbindungen von Handelsseefahrern mit holländischen Städten (Enkhuisen u. a.) nachweisen und später machten sich die Föhrer als Walfänger im Nordmeer und als Handelsseefahrer auf allen Meeren der Welt einen Namen. Von keiner anderen Stätte der Welt sind so viele Männer, vom Schiffsjungen bis zum noch rüstigen Greis, in die Welt hinausgefahren wie von Föhr. Und nirgendwo auf der Welt gab es so viele Commandeure, Führer von Walfangschiffen und Kapitäne der weltweiten Handelsseefahrt wie auf dieser grünen Insel, die eigentlich für die → *Landwirtschaft* (wie Pellworm und Nordstrand) prädestiniert war, was aber in der Seefahrerzeit nur eine untergeordnete Rolle spielte. Föhrer Seefahrer bevölkerten vor allem Städte in Holland, Dänemark sowie das damals noch zum dänischen Gesamtstaat gehörende Altona. Später, in der Endzeit der Segelschifffahrt, waren sie in großer Zahl auch in Hamburg zu finden, aber auch in anderen europäischen Hafenstädten. Der breite Erfolg der Föhrer Seefahrer begründet sich auf die Tatsache, dass Commandeure und Kapitäne sich bemühten,

Landsleute anzuheuern. So wimmelte es in den Anmusterungs-Protokollen der Wasserschouts von Föhrer Namen, aus manchen Dörfern die Hälfte der männlichen Bevölkerung. In Holland, aber auch in anderen europäischen Hafenstädten, wurden die typischen Föhrer Namen allerdings „verhollandisiert". Aus → *Arfsten* wurde Ariansen, aus Nickelsen Cornelisen, aus Knudten Claasen, aus Rörden und Rauert Riewerts. Die Seefahrt – sowohl → *Walfang* als auch Handelsseefahrt – war aber mit einer hohen Todesrate durch Unfälle, Schiffsuntergänge, Krankheiten (Skorbut u. a.) sowie zu manchen Zeiten und in manchen Weltengegenden auch durch Piraterie verbunden, sodass diese nicht geringer war als unter den Föhrer Soldaten der beiden Weltkriege, die die Insel nach dem Staatswechsel von Dänemark zu Deutschland (1914–1918 und 1939–1945) betrafen. Die Folge davon war ein jahrhundertelanger Frauenüberschuss und die Einwanderung von Männern aus Jütland (Dänemark) und vom Festland, die sich kaum an der Seefahrt beteiligten. Damit die Inselfriesen fast ungehindert zur See fahren konnten, wurden sie 1735 durch den dänischen König Christian VI. für „ewige Zeiten" vom Kriegsdienst zu Land befreit. Nur in Kriegszeiten mussten die Insulaner eine kleine, selbst ausgewählte Mannschaft auf Kriegsschiffen stellen. Militärische Auseinandersetzungen zwischen den europäischen See- und Großmächten oder in Nordamerika beeinträchtigten immer wieder die Seefahrt, insbesondere die Zeit der Napoleonischen Kriegswirren und der Krieg zwischen Dänemark und England von 1807–1814. Jahre- und jahrzehntelang blieben die Schiffe dann in den Häfen. Eine letzte Blütezeit der Segelschiffszeit gab es in der Zeit vor und nach 1900. Neben der → *Auswanderung* spielten die Salpeterfahrten zur Westküste von Südamerika eine beachtliche Rolle. Dabei musste auf Hin- und Rückreise das berüchtigte Kap Hoorn umrundet werden – unverändert mit hohen Todesraten unter den Seefahrern. Dann aber drängten Dampfschiffe die Segelschiffe zunehmend von den Weltmeeren. Das endgültige Ende der Segelschiffzeit leitete der Erste Weltkrieg ein.

Seehunde Seehunde sind die bekanntesten Säugetiere der Nordsee und Symboltiere des Umweltschutzes. In Mengen liegen sie bei Ebbe auf den Sandbänken im Wattenmeer und stellen bei Hochwasser in den Prielen und draußen auf See den Fischen nach. Seehunde werden seit Anfang der 1970er Jahre nicht mehr bejagt und haben sich stark vermehrt, sodass von Zeit zu Zeit eine Seuche mit Robbenstaupeviren die überhöhten Bestände reduziert. Panik machende Bio-Ideologen machen beim Fund toter Seehunde dann gerne die „Nordsee-Verschmutzung" als Ursache geltend und erreichen mit dieser wahrheitswidrigen Behauptung entsprechende Aufmerksamkeit in den Medien. Reisende mit den → *WDR*-Schiffen sehen bei Niedrigwasser schon erste Seehundsrudel auf den Sandbänken vor Dagebüll und können mit Ausflugsschiffen zu einer Sandbank im Wattenmeer zwischen Föhr und → *Amrum* fahren. Dort, am Amrumtief, querab von → *Nieblum-Goting*, liegt fast ganzjährig ein Rudel von 30 bis 40 Tieren. Der hohe Seehundsbestand – dazu noch die Rudel der Kegelrobben auf Seesänden draußen vor Amrum – verrät auch einen hohen Bestand an Fischen, die Nahrung der Robben.

Seeschwalben Möwenartige, aber kleinere Seevögel mit weißem bis silbergrauem Gefieder und schwarzen Kopfplatten, die oft den → *WDR*-Fähren folgen oder sich bei deren Anlegen am → *Hafen* versammeln, um das von der Schiffsschraube aufgewirbelte Getier zu erbeuten. Seeschwalben sind ausschließliche Fischfresser, die sie stoßtauchend

Der Seehund ist das bekannteste Säu-
getier der Nordseeküste. Schon auf
der Überfahrt nach Föhr kann man auf
den Sänden längs des Fahrwassers
kleine Rudel entdecken, die zum Son-
nen auf Sandbänken liegen. Ebenso
fahren Ausflugsschiffe zu einer See-
hundsbank am Amrumtief querab von
Nieblum. Hier liegen um die 50 Tiere,
die sich aus nächster Nähe beobachten lassen.

Seeschwalben, mit den Möwen verwandt, sind aber keine „Allesfresser",
sondern jagen ausschließlich Fische,
die sie stoßtauchend erbeuten. Sie
erscheinen in Scharen im Wyker
Hafen, wenn die Fährschiffe anlegen
und mit ihren Schrauben das Klein-
getier vom Boden aufwühlen.
Ihre Brutplätze befinden sich auf den
Strandwällen des Vorlandes.

erbeuten. Auf Föhr brüten auf den Sandwällen des Deichvorlandes die sehr ähnlichen Fluss- und Küstenseeschwal-
ben sowie im Stein- und Muschelschalengeröll die
zierlichen Zwergseeschwalben. Andere Arten, wie die auf
→ *Hallig* Norderoog in großen Kolonien brütenden Brand-
seeschwalben, halten sich nur zur Zugzeit im Wattenmeer
auf. Alle Seeschwalbenarten sind reine Sommergäste,
erscheinen erst im März oder April und ziehen im Juli
oder August schon wieder zu ihren Winterquartieren an
afrikanischen Küsten.

St. Johanniskirche → *Kirchen*

St. Laurentiikirche → *Kirchen*

St. Nicolaikirche → *Kirchen*

Stadtsiegel Das Stadtsiegel von → *Wyk* zeigt ein entmastetes
oder abgetakeltes Schiff, das offenbar gerade einen Sturm
überstanden hat und nun auf ruhig gewordenen Wellen
vor Anker liegt. Die Inschrift lautet: „Incertum quo fata
ferunt" – ins Ungewisse treibt uns das Schicksal. Das Wappen entstand erst im 19. Jahrhundert und kennzeichnet
das Auf und Ab der Stadtgeschichte mit dem 1819 gegründeten Seebad. Vorschläge in jüngerer Zeit, ein zukunfts-
freudigeres Wappen zu entwerfen, fanden kein Gehör.
Stattdessen spotten die Föhrer über den jüngsten Werbe-
spruch „Friesische Karibik" der Kurverwaltung und fürch-
ten die Bezeichnung „Bananenrepublik".

Standmasken In → *Nieblum* wird in der ersten Februarwoche
ein eigenartiges, offenbar nur in diesem Dorf praktiziertes
Brauchtum gepflegt – die „Standmasken". Zu mehr oder
weniger aufregenden Weltereignissen, insbesondere solche auf der lokalen Inselbühne, haben Dorfbürger aufwendige Masken und Kulissen gestaltet, die durch
stundenlanges Stillstehen zum Beschauen in einer Nieblumer → *Gaststätte* präsentiert und von den Zuschauern mit
Preisen und Rangfolgen bedacht werden.

Stöpe Zusammen mit dem 1965/66 gebauten Hafendeich wurde eine Stöpe für die Durchfahrt zum Hafengelände, zum Fähranleger und nach Westen für die Fahrt zu den Inseldörfern eingebaut. Die → *Wyker* Stöpe ist eine Stahlbetonwand von sieben Meter Länge, die bei einer Hochwasserwarnung verschlossen und am Fuß mit zusätzlichen Sandsäcken gesichert wird.

Störche Um 1900 wurden noch zehn Brutpaare auf Föhr, die meisten auf den Dächern von → *Oevenum*, registriert. Aber Flurbereinigung und Entwässerung in der → *Marsch* entzogen den Störchen die Lebensgrundlage. Ein letztes Brutpaar wurde 1947 festgestellt. Wenn es derzeit aber wieder – zum Erstaunen von Ornithologen – Störche auf der Insel gibt, so stammen diese aus einem privaten Tiergehege der Familie Risse in → *Wyk*. Der „Storchenvater" Dieter Risse siedelte neben anderen Tieren Mitte der 1990er Jahre in seinem Gehege auch Störche an, die trotz Flugbehinderung in den folgenden Jahren brüteten, sodass sich auf Föhr bald eine frei fliegende Population entwickelte – zum Erstaunen der Fachwelt. Inzwischen sind über 50 Jungstörche auf Föhr zur Welt gekommen, von denen sowohl aus Dänemark als auch Portugal Rückmeldungen erfolgten. Im Jahr 2011 betrug die Anzahl der Brutpaare in Wyk – im Gehege Risse und auf hergerichteten Storchennestern – sieben Brutpaare.

Sturmflutpfahl Am Wyker → *Hafen* steht ein Dalben mit dem geschnitzten Stadtwappen und rund 20 Eisenringen mit den Daten der großen Sturmfluten im 19. und 20. Jahrhundert, gestaltet vom langjährigen Hafenmeister Manfred Then. Ganz oben befindet sich noch immer die Sturmfluthöhe vom 3./4. Februar 1825 mit 4,67 Meter über NN. Es war die letzte Sturmflut, die den Föhrer → *Deich* bei → *Dunsum* durchbrach und weite Bereiche des Deiches von → *Westerlandföhr* beschädigte. In → *Toftum* und → *Klintum* verloren zwei ältere Frauen in den Trümmern

Süderende, friesisch Söleraanj, war früher der südliche Ortsteil von Oldsum. Hier wohnte der Pastor der nahen St. Laurentiikirche und hier befindet sich die Grundschule Föhr-West, in der von den Kindern noch ganz überwiegend Föhring, Fering, gesprochen wird.

Am Wyker Hafen steht ein Dalben mit den Sturmfluthöhen im 19. und 20. Jahrhundert. Ganz oben wird die Flut vom 3./4. Februar 1825 als bisher höchste gemessene angezeigt.

ihrer Häuser ihr Leben und in der bis → *Wyk* hin hoch überfluteten → *Marsch* ertranken an die 6000 → *Schafe.* Auf den
→ *Halligen* mussten 74 Menschen ihr Leben lassen und
zahlreiche Überlebende flüchteten nach Föhr, um sich in
→ *Nieblum* und Wyk anzusiedeln. Der dänische König Frederik VI. kam höchstselbst auf Besuch zu den betroffenen
Inseln und Halligen, um Hilfe zu bringen. Unter dem Ring
von 1825 ist die Sturmflut vom 24. November 1981 markiert,
eine „Tagessturmflut", deren Höhe sich aus dem Zusam-
mentreffen von Orkan und Springtide erklärt. Dank des
nach 1962 verstärkten → *Küstenschutzes* aber hielten sich die
Schäden in Grenzen. Sehr weit oben, an dritter Stelle, liegt
die Markierung der Orkanflut in der Nacht vom 16. zum
17. Februar 1962, die auf den Halligen etliche der älteren
Häuser zerstörte und in Hamburg 315 Menschen das Leben
kostete. In Wyk stieg das Wasser aus dem Hafenbecken und
flutete hoch hinein in die Hafen- und Königstraße, sodass
zum Schutz der Stadt der Hafendeich errichtet wurde.
Erhebliche Landverluste an der Föhrer Südküste erforderten
auch hier aufwendigen → *Küstenschutz.*

Süderende (fries. Söleraanj) Das südliche Ende des nördlich
davon gelegenen Dorfes → *Oldsum.* Süderende hat mit seinen Friesenhäusern das historische Ortsbild noch weitest-
gehend bewahrt. Früher lag hier das Pastorat, das später zu
einem noblen Restaurant eingerichtet wurde. In Süderende befindet sich auch die Grundschule sowie ein Kinder-
garten für die Kinder von → *Westerlandföhr*, die mit einem
Bus zur Schule befördert werden.

Südstrand heißt der südliche Ortsteil von → *Wyk* mit dem
Badestrand. Noch eben vor 1900 war der Südstrand eine
unbesiedelte Landschaft, zum Teil mit Heide bewachsen
oder landwirtschaftlich genutzt. Erst durch die Anlage des
Nordseesanatoriums durch Dr. → *Gmelin* im Jahr 1898
wurde der Südstrand – damals noch der Gemeinde → *Bol-*

dixum gehörend – für eine Besiedlung erschlossen. Neben dem Sanatorium wurden weitere Gästehäuser gebaut und das Gelände aufgeforstet, sodass sich durch die Spende des Flensburger Kaufmannes Jakob H. Lembke an den Heidekulturverein auf dem strandnahen Gelände eine etwa acht Hektar große Waldfläche als Kurpark bildete, die später mit weiteren Aufforstungen bis an den Südrand der Stadt Wyk verzahnt wurde. Der Schwager von Dr. Gmelin, Dr. Otto Mensendiek, errichtete 1910 westlich vom Sanatorium das repräsentative Pädagogium und bald entdeckten weitere auswärtige Interessenten, aber auch Bürger von Wyk die großartige Lage am → *Südstrand*, sodass hier schnell eine Villenkolonie entstand. Aber erst im Jahr 1910 war die Gemeinde Boldixum bereit, das entsprechende Gelände an Wyk zu übertragen, womit sich die bisher beschränkte Fläche von 35 auf 62,5 Hektar vergrößerte.

Sylt Vom Seedeich im Westen von Föhr ist die Insel Sylt über dem Meereshorizont zu sehen – die Hörnum-Odde mit ihren Dünen und dem Leuchtturm, das neue, große Golfhotel und nordwärts die wellige Dünenlandschaft bis Westerland mit dem Kurzentrum. Mit einer Fläche von knapp 100 Quadratkilometern ist Sylt die größte deutsche Nordseeinsel, zählt etwa 21 000 Einwohner mit Erstwohnsitz, aber rund 13 000 Zweitwohnungen, die neben den Immobilienpreisen eine der Ursachen für die Verdrängung der einheimischen Bevölkerung sind. Der → *Fremdenverkehr* dominiert heute fast alle Lebensbereiche von Sylt, nicht nur in Westerland, sondern auch in den Dörfern. Sylt nennt sich „Königin der Nordsee" und darf mit diesem Anspruch auf urtümliche Naturlandschaften verweisen. Dazu gehört der besonders kräftige Wellenschlag an der fast 40 Kilometer langen Westküste, das Rote Kliff vor Wenningstedt und Kampen, das Weiße Kliff bei Braderup und das Morsum-Kliff auf Nösse, der Ostspitze von Sylt.

Im Listland türmen sich einige mächtige Wanderdünen auf, ruhelos vor dem Westwind nach Osten wandernd. Und zwischen den Dünen liegen Heidetäler mit dem dunkelbraunen, schwermütigen Kraut der Besenheide und der immergrünen Krähenbeere. Zwischen Tinnum, um Archsum und Morsum dehnt sich weithin grünes Marschenland – aber es gibt nur noch drei Landwirte auf Sylt! Sylt – und hier nicht nur der Badeort Westerland – ist seit Jahren eine Insel übertriebener Bauwut und verbreitet in der Sommersaison in etlichen Bereichen das Bild von wogenden Auto- und Menschenmassen, deren Anzahl längst die in den 1960er Jahren von der Landesregierung festgesetzte Höchstmenge überschritten hat. Nur in der zum größten Teil unter → *Naturschutz* stehenden Landschaft hat die Insel ihre Königswürde bewahrt.

Thamsen Wie andere Brauchtümer geht auch das Thamsen auf die heidnische Zeit zurück. Es wird am Tag der Wintersonnenwende, am 21. Dezember, betrieben. Nach Einbruch der Dunkelheit ziehen Jugendliche (früher auch Erwachsene) durch die Dörfer und schauen von Haus zu Haus, ob die Bewohner ihre bewegliche Habe für die Wintermonate in Haus und Scheune geborgen haben. Falls solche Gegenstände entdeckt werden, verschwinden diese im Gebüsch fremder Dorfgärten oder in den Gräben und Kuhlen der → *Marsch*, sodass die Eigentümer oft lange suchen müssen, Schiebkarren, Gartentore und anderes wiederzufinden. Der Sinn dieses Brauchtums enthält somit die Warnung, dass alle ihr Hab und Gut winterfest verstauen. Allerdings hat das Thamsen in den letzten Jahren spürbar abgenommen.

Toftum Das Friesendorf im Norden der Insel wird als eigenständiges Dorf optisch kaum wahrgenommen, denn es verbindet sich, wie auch das benachbarte → *Klintum*, mit → *Oldsum* zum sogenannten „Langdorf". Nach der → *Aus-*

siedlung der hier früher heimischen Bauernstellen ist auch ein Teil der Toftumer Häuser von Auswärtigen gekauft und zu eigenen Wohnzwecken oder für den → *Fremdenverkehr* ausgebaut worden. Allmählich etabliert sich das „Langdorf" zu einem Künstlerdorf.

„Traumstraße" wird die Autostraße von → *Goting* über → *Witsum* und → *Hedehusum* bis → *Utersum* genannt, weil hier von der auf hoher → *Geest* liegenden Straße der Blick über das Wattenmeer bis zu den → *Halligen* und nach → *Amrum* möglich ist.

Tribergen Drei-Hügel heißen drei nebeneinanderliegende Hügelgräber auf der Geesthöhe im Westen von → *Utersum*. Knochenbrand, Urnen und eine Bronzedolchklinge wurden in diesen Grabhügeln aus der Bronzezeit (1600–600 v. Chr.) entdeckt. Von solchen Hügeln wimmelte es früher auf der Föhrer → *Geest*. Aber die meisten sind wissenschaftlich ausgegraben, andere durch die → *Landwirtschaft* übergepflügt und allmählich oder systematisch zerstört worden. Im → *Friesenmuseum* in → *Wyk* werden noch einige Funde aus den Föhrer Bodendenkmälern aufbewahrt. Mit etlichen der Hügelgräber verbinden sich → *Sagen*, die sich vor allem auf ein Zwergenvolk, die Unterirdischen (Onerbaalkis), beziehen.

Utersum Das nahe der Westküste liegende Dorf wird hinsichtlich des Namens sowohl als das äußerste Dorf von Föhr als auch nach einem altfriesischen Namen abgeleitet. Mit fast 170 000 Übernachtungen spielt der → *Fremdenverkehr* in Utersum eine beachtliche Rolle. Hinzu kommt die unmittelbare Nähe des → *„Kurheims"* der Versicherungsanstalt mit 190 Betten und ganzjähriger Belegung. Durch Sandaufspülung für den Schutz der früheren → *Kliffküste* hat Utersum einen breiten Badestrand.

Verlobungsboot Wenn ein Mädchen aus → *Wyk* einen Bräutigam hatte, der von auswärts kam, wurde dieser anlässlich

Oben: Mit umfangreichen Neubau-
gebieten ist Utersum über den historischen Ortsbereich in Richtung
Kurheim hinausgewachsen und hat
einiges für die Entwicklung des Fremdenverkehrs getan. Vom Utersumer
Strand blickt man nach Amrum und
Sylt und hier ist auch jener Ort auf
Föhr, wo man den Sonnenuntergang
am eindrucksvollsten erleben kann.

Toftum ist nahtlos mit den benachbarten Dörfern Klintum und Oldsum
zusammengewachsen. Von der
Hauptstraße öffnen sich zahlreiche
Seitenwege zur Marsch.

der Verlobungsfeier auf besondere Weise begrüßt. Die jungen Leute der Stadt luden ein Ruder- bzw. Beiboot auf ein Pferdefuhrwerk und fuhren damit – hoch geschmückt – am Abend zum Brauthaus, um dem Brautpaar ein Ständchen zu bringen. Natürlich fühlte sich das Paar verpflichtet, „einen auszugeben", während sich der Bräutigam als „aufgenommen" in die Stadtgemeinschaft fühlen durfte. In den 1930er Jahren aber starb diese Sitte des „Bootbringens", die nur in Wyk bekannt war, aus.

Vogelkojen Bis Mitte des 20. Jahrhunderts war die Föhrer → *Marsch* eine baumlose grüne Ebene mit einem einzigen Bauernhof, dem → *Ackerumhof.* Und erst im Zusammenhang mit der → *Aussiedlung* erfolgte die Anpflanzung von Windschutzknicks und Baumgruppen um die architektonisch nicht gerade schönen Aussiedlerhöfe, die inzwischen ganz im Grün von Bäumen verschwunden sind. Umso auffälliger waren deshalb damals die kleinen, geschlossenen „Wäldchen" von sechs Vogelkojen in der Inselmarsch. Vogelkojen sind Fanganlagen für durchziehende Wildenten. Nachdem inselfriesische Seefahrer solche Einrichtungen in Holland gesehen hatten, wurden Vogelkojen auch auf den Nordfriesischen Inseln angelegt, zuerst im Jahr 1730 in der → *Oevenumer* Marsch nahe dem → *Deich.* Die Fangvorrichtung ist einfach, aber raffiniert. Vom knapp hektargroßen Süßwasserteich in der Kojenmitte zweigen bogenförmige Seitenkanäle ab, die immer schmaler und niedriger werden und schließlich in einer Reuse oder einer anderen Fangvorrichtung enden. Diese sogenannten „Pfeifen" sind allseitig mit Maschendraht oder Netzen versehen und weisen nur zum Teich hin eine Öffnung auf. Am Eingang der „Pfeife" zum Teich stehen einige Schilfkulissen, die den Kojenmann, den Entenfänger, vor den Wildenten verbergen. Durch Gucklöcher beobachtet der Kojenmann das Treiben auf dem Kojenteich.

Oben: Die Pfeifente, friesisch „Smen", und die Spießente, friesisch „Gräfögel", gehörten zu den nordischen Wildentenarten, die früher im Herbst auf dem Durchzug nach Holland und England waren und in die Netze der Vogelkojen gelockt und gegringelt wurden.

Im Herbst richtet der Kojenmann die Fanganlagen, hier die Reuse am Ende einer „Pfeife", her. An den altertümlichen Fangmethoden hat sich durch Jahrhunderte nichts geändert.

Sind, aus dem nahen Wattenmeer kommend, genügend Wildenten auf dem Teich eingefallen, wird leichtes Futter in das Wasser der Pfeife ausgestreut. Einige „Lockenten", gezähmte und kupierte Wildenten, schwimmen heran und ziehen etliche ihrer Artgenossen hinein in die „Pfeife" und hinein in den Tod. Denn sind die Enten tief genug in den Fangkanal hineingeschwommen, tritt der Kojenmann aus den Kulissen und scheucht die vor dem Menschen weg-flüchtenden Enten an das Ende der „Pfeife", wo sie in die Fangvorrichtung geraten, herausgeholt und „gegringelt" werden – wie man das rasche und schmerzlos tötende Halsumdrehen nennt. Damit jede Windrichtung zum Entenfang genutzt werden kann, haben die Kojenteiche vier, einige sogar sechs „Pfeifen". Die Fangzeit beginnt je nach Wetterlage und Wasserstand im September und dau-ert bis November/Dezember, bis zum ersten Frost und dem Abzug der Wildenten. Gefangen wurden vor allem Pfeifenten (fries. Smenen), Spießenten (fries. Gräfögel) und Krickenten (fries. Uarten), vereinzelt auch Löffelenten (fries. Sloben) und seit einigen Jahrzehnten die heimi-schen Stockenten (fries. Wiilanen). Letztere gerieten frü-her selten in die Netze der Vogelkojen, sind heute aber die einzige Art, die noch gefangen werden darf, allerdings in vorgeschriebener, reduzierter Menge von 600 Enten pro Jahr. Alle anderen Arten stehen unter → *Naturschutz*. Als uralte Versorgungseinrichtungen und damals von der dänischen Regierung mit Konzessionsurkunden erlaubt, haben Föhrer Vogelkojen seit 1997 nach EG-Richtlinien den Status „Naturdenkmal" und konnten diesen Status auch gegen Naturschutzfunktionäre behaupten. Aber der Entenfang spielt keine Rolle mehr und selten werden die erlaubten Fangquoten erreicht, sodass die Föhrer Vogel-kojen eher den Status einer alten Kultureinrichtung haben, aber keinen Gewinn mehr abwerfen. Einige sind schon

ganz stillgelegt, andere dienen Inselgästen zur Anschau-
ung, wie zum Beispiel die Boldixumer Vogelkoje. Das war
früher aber anders. Die alte Oevenumer Koje fing seit
ihrem Bestehen, also seit 1730, über drei Millionen Wildenten. Ein außergewöhnliches Ergebnis war das Jahr 1769
mit 67 000 Enten! Aber auch in den anderen Vogelkojen
zählten die Fangergebnisse jährlich zu Tausenden. Diese
Mengen konnten auf der Insel selbst nicht verzehrt werden, und so entstand in → *Wyk* eine „Konservenfabrik", wo
die Wildenten von Frauen gerupft und eingemacht wurden. Die Entenfabrik bestand noch bis 1931. Die Anlage
einer Vogelkoje bedeutete umfangreichen Landerwerb für
die Koje selbst und für das umliegende Land, um dort die
Jagdruhe zu gewährleisten. Zu diesem Zweck fanden sich
in der Regel einige kapitalkräftige Insulaner zusammen
und gründeten eine „Kojen-Interessentenschaft". Der
Ertrag bestand aus den gefangenen Wildenten, die nach
bestimmten Regeln auf die Kojen-Anteiler verteilt wurden.
Ebenso wurde der Unterhalt der Vogelkoje, darunter das
Gehalt des Kojenmanns, reguliert. Nach dem Bau der
Oevenumer Vogelkoje wurden weitere im Jahr 1745 bei
→ *Borgsum* und 1766 bei Ackerum, beide im Föhrer Binnenland, 1789 eine weitere am → *Deich* von Oevenum,
1862 am Deich von → *Oldsum* und zuletzt 1887 auf → *Näshörn*, am Deich der Gemeinde → *Boldixum* angelegt. Von
diesen sechs Kojen sind die Alte und Neue Oevenumer, die
Borgsumer und die Oldsumer noch in Betrieb und haben
verlängerte Fangkonzessionen bis 2014. Unverändert ist
ein Gesamtfang von 600 Enten pro Jahr erlaubt, aber der
Gesamtfang beträgt nur noch um die 250 (im Jahr 2010/11
wurden nur 227 Enten gefangen).

Volksabstimmung Wie schon erwähnt, war die Insel in früheren Jahrhunderten politisch geteilt in Wester- und Osterharde, Erstere zum Königreich Dänemark, Letztere zum

Herzogtum Schleswig gehörend. Erst durch den Krieg zwischen Dänemark und Preußen/Österreich im Jahr 1864 wurde diese Teilung aufgehoben und Föhr mit beiden → *Harden* in Preußen bzw. in das 1872 gegründete Deutsche Reich „einverleibt". Im Herzogtum Schleswig aber wurde ein großer dänischer Bevölkerungsanteil in einen neuen Staat gezwungen, sodass nach dem Ersten Weltkrieg eine Volksabstimmung über die zukünftige Zugehörigkeit erfolgte. Zu diesem Zweck wurde die Abstimmungszone geteilt. In der Zone I, in Nordschleswig, stimmten etwa 75 Prozent der Bewohner für den Wiederanschluss an Dänemark. Hart umkämpft aber war die Zone II, wozu Nordfriesland gehörte. Unter reichlichem Absingen des Schleswig-Holstein-Liedes entfaltete sich hier ein deutsch-nationaler Patriotismus, mit dem Ergebnis, dass etwa 84 Prozent für den Verbleib bei Deutschland stimmten. Nur in den Föhrer Dörfern → *Goting*, → *Borgsum* und → *Utersum* gab es dänische Mehrheiten.

Vorgeschichte Föhr hat eine reiche Vorgeschichte, die seit dem 20. Jahrhundert Gegenstand wissenschaftlicher Forschung war, beginnend mit den Grabkammern (siehe S. 140) der jungen Steinzeit, die aus → *Findlingen* aufgesetzt wurden, bis zu den Hügelgräbern der Bronzezeit und den Gräberstätten der Eisen- und der → *Wikingerzeit.* Das größte dieser Bodendenkmäler aber ist die → *Borgsumer Burg*, die unverändert mit heute modernen Methoden Gegenstand von Forschungen des Landesamts für Vor- und Frühgeschichte ist. Eine umfangreiche Aufnahme der Bodenfunde und Denkmäler erfolgte zum Beispiel durch Johann Braren 1935 („Die vorgeschichtlichen Altertümer der Insel Föhr") sowie durch die Archäologen Karl Kersten und Peter La Baume im Jahr 1958 und in späteren Publikationen (Dr. Hans Hingst u. a.).

Vorland Im Norden der Insel Föhr, im Wind- und Wellenlee des Föhrer → *Deiches*, haben sich Schlicksedimente aus der

Oben: Bäume haben es auf den Nordfriesischen Inseln mit dem Aufwach-
sen nicht leicht. Der ewige und mit
Salzspray angereicherte Westwind
setzt den Bäumen zu, die nur mühsam – der eine oft nur im Windlee des
anderen – an Höhe gewinnen. Kiefern
können sich noch am ehesten gegen
die Stürme behaupten.

Die Geesthöhen von Föhr waren seit
der Steinzeit besiedelt. Eine aus Findlingen aufgesetzte Grabkammer ist
noch heute am Deich bei Utersum
vorhanden. Sie wird in die junge Steinzeit, etwa 5000 v. Chr. datiert. Auffälliger aber sind die noch vorhandenen
Hügelgräber aus der Bronzezeit.

Flut abgelagert und als → *Toftumer* und → *Midlumer* Vorland ausgedehnte Salzwiesen gebildet. Ebenso liegt auch
am → *Oldsumer* Deich ein Vorland, Steenken Auer
genannt, dem sich ein schmaler Sandwall vorgelagert hat.
Das Vorland liegt nur etwa einen halben Meter über dem
Meeresspiegel und wird bei höheren Fluten überspült,
wobei die hier im Sommer brütenden Vogelkolonien – insbesondere die der → *Lachmöwen* – vernichtet werden. Ein
besonderes Merkmal ist auch die spezielle, salzvertragende
Vegetation.

Wald → „*Sylt*, Föhr und → *Amrum* sind von Natur aus baumlose Inseln, weil der Wind den Baumwuchs verhindert" –
diese frühere Behauptung gilt heute längst nicht mehr. Auf
allen drei Inseln sind im Lauf des 20. Jahrhunderts
umfangreiche Aufforstungen – mit Erfolg – durchgeführt
worden. Der Forstbetriebsverband Föhr als Oberaufsicht
über den Föhrer Waldbestand zählt gegenwärtig knapp
190 Hektar Wald, darunter als größte zusammenhängende
Fläche die Aufforstungen am → *Flugplatz* westlich von
→ *Wyk*, der Stadt Wyk, dem Wasserbeschaffungsverband
und dem Amt Föhr-Amrum gehörend. Weitere Flächen
befinden sich auf der Gemarkung → *Nieblum* als Eigentum
der Eilun-Verwaltung Frederik → *Paulsen*, am Wasserwerk
Föhr-West bei → *Hedehusum*, bei → *Witsum* und auf dem
Areal der Rehaklinik von → *Utersum*, letzteres schon
zwecks Bildung eines Kurparks in den 1920/30er Jahren
angepflanzt. Einige kleinere Einzelgehölze runden die
Föhrer Waldflächen ab. Reichlicher Baumwuchs ist auch
in fast allen Föhrer Dörfern zu sehen, ebenso in Form von
Knicks in der Föhrer → *Marsch* – von den jeweiligen
Gemeinden im Zusammenhang mit der → *Aussiedlung*
und dem Straßenbau durchgeführt. Schließlich ergänzen
sechs → *Vogelkojen* mit ihrem alten Baumbestand das Bild
der allerdings zerstreuten Föhrer Waldlandschaft.

Walfang Innerhalb der → *Seefahrt* spielte der Walfang im Nordmeer in der Zeit von etwa 1640 bis um 1860, seinem endgültigen Ende, eine große Rolle. Der Walfang war geradezu eine Domäne der Föhrer, die wie keine andere Nation Commandeure und Mannschaften in nordeuropäischen Hafenstädten (vor allem Hamburg, Altona, Enkhuisen, Kopenhagen) stellten, darunter auch den erfolgreichsten aller Zeiten – Matthias Petersen aus → *Oldsum*, der 373 Wale erbeutete. Spätere Commandeure brachten es auf kaum 100 Wale mit entsprechender Trangewinnung. Das Hauptfanggebiet lag im Nordmeer bei Spitzbergen und Jan Mayen, zunächst irrtümlich für die Ostküste von Grönland gehalten, weshalb die Walfangzeit und der spätere Robbenschlag „Grönlandfahrt" genannt wurde, eine Bezeichnung, die auch heute noch allgemein verwendet wird.

Watt Meeresboden im Einfluss der → *Gezeiten*. Föhr ist eine Insel auf relativ hohem Wattensockel, der bei Ebbe bis hinüber zum Festland und zu den Nachbarinseln → *Sylt* und → *Amrum* trocken fällt, durchzogen von Prielen, die auch bei Niedrigwasser, dem tiefsten Punkt der Ebbe, noch Wasser führen. Der Wattboden rund um Föhr besteht vor allem aus Sandwatt, an den nördlichen und östlichen Leeseiten auch aus Schlickablagerungen. Im Wattboden tummeln sich zahlreiche Tiere, Schlickkrebse, deren Vielzahl das eigenartige „Wattenflüstern" erzeugt, sowie Wattwürmer, die bei Ebbe auf dem Wattboden kringelförmige Häufchen ihrer Ausscheidungen hinterlassen, nachdem sie zuvor den Sand durchgekaut und Nahrungsstoffe herausgesondert haben. Plötzliche Spritzer aus dem Wattboden verraten das Vorhandensein der großen Sandklaffmuscheln, die über 30 Zentimeter tief im Boden stecken, aber mit ihren Sipho bis an die Oberfläche reichen, um bei Flut aus dem Wasser Sauerstoff und Nahrung zu filtern.

Oben: Die Zeit des Walfangs von etwa 1640 bis um 1860 war eine bedeutende Periode der Inselgeschichte. Sie wurde auch „Grönlandfahrt" genannt, weil man Spitzbergen – das Hauptfanggebiet – zunächst für die Ostküste von Grönland hielt. Ein Gemälde im Museum in Wyk zeigt vier Walfangschiffe im Eismeer, darunter ein von Eismassen gefangenes Hamburger Schiff.

Auf den Grabsteinen, hier St. Johannis bei Nieblum, legen die Handelsschiffe der Kapitäne und Walfänger der Commandeure, von Barockranken umrahmt, im Hafen der Ewigkeit an.

Auch andere Muschelarten (Herz-, Platt-, Tellmuscheln) stecken im Boden, fallen aber mit ihren Spuren weniger auf. Zwei Arten, Miesmuscheln und → *Austern*, leben auf der Oberfläche. Erstere ist Gegenstand einer vor allem von Wyk aus betriebenen → *Muschelfischerei*, während letztere in zwei Arten vorkommt – die an der Nordseeküste aussterbende *Ostrea edulis* und die aus dem nördlichen Pazifik stammende Felsenauster *Crassostrea gigas*, die sich über Zuchtanlagen an der Nordseeküste verbreitet hat und vor allem auf den Spundwänden des Fähranlegers Wyk zu sehen ist. Lebensräume eigener Art sind die Priele und Wattenströme, die auch bei Niedrigwasser noch ständig Wasser führen. Hier flitzen Sandgrundeln und Garnelen hin und her, eilen Strandkrabben am Prielgrund zu Tang- und Seegrasbüscheln, um sich zu verstecken, und liegen Plattfische (Flundern, Schollen, Butt) im Sand, um auf die nächste Flut zu warten. Bei Ebbe ist das Watt ein Nahrungstisch für zahlreiche Seevögel, vor allem Möwen und → *Austernfischer* sowie andere Wattvögel (Strandläufer) und Brandgänse, während bei Flut Eiderenten nach Miesmuscheln tauchen und → *Seeschwalben* stoßtauchend Fische erbeuten. Das Wattenmeer an der deutschen Nordseeküste ist die tierreichste Landschaft Europas, seit 1985 durch den Status „Nationalpark" geschützt und im Jahr 2009 von der UNESCO zum „Weltnaturerbe" erklärt.

Wattenwanderung Bei Ebbe fällt Föhr an fast allen Ufern trocken, sodass man vom Norden am Midlum-Oevenumer → *Deich* zum Festland wandern kann (was aber nur einheimischen Kennern der Landschaft und der → *Gezeiten* zu empfehlen ist). Gleiches gilt für den Wattenweg von → *Midlum* nach → *Sylt*! Aber vom Deich bei → *Dunsum* im Westen von Föhr ist bis zur Amrumer Odde ein regelrechter Wattenweg markiert, auf dem in der Sommersaison bei günstiger Tide Hunderte, ja manchmal Tausende von Gäs-

Oben: Rings um Föhr bis hinüber nach Amrum und Sylt und bis zur Festlandsküste breitet sich das Wattenmeer aus – eine Gezeitenlandschaft, die vom Hin und Her von Ebbe und Flut geprägt wird.

Bei Ebbe kann man auf einem gekennzeichneten Weg von Föhr nach Amrum wandern – mit sachkundigem Wattenführer die beliebteste Veranstaltung bei den Sommergästen auf Föhr und Amrum. Aber mancher Unvorsichtige ist auch schon in Lebensgefahr geraten oder sogar ertrunken, wenn Hoch- und Niedrigwasserzeiten nicht beachtet wurden.

ten von Insel zu Insel unterwegs sind. Nehmen Sie bitte die Hilfe von Wattenführern, die mit Geräten ausgerüstet sind und die Wanderungen entsprechend den Hoch- und Niedrigwasserzeiten angesetzt haben, in Anspruch. Die Inselgeschichte weiß nämlich auch von unkundigen und leichtsinnigen Wanderern zu berichten, die auf halbem Weg von der Flut überrascht wurden und ertranken.

Weigelt, Georg Geboren am 8. September 1816 in Altona, kam der ehemalige Prediger im Jahr 1856 nach → *Wyk*, wo er mithilfe Hamburger Freunde für 56 250 Courantmark die Badeanstalt mit allen Rechten vom vorherigen Besitzer Sophus Clausen erwarb. Trotz des Großbrandes im Mai 1857, als über 100 der damals noch überwiegend mit → *Reet* gedeckten Häuser von Wyk abbrannten, konnte die Badeanstalt mit Warmbadehaus, Gesellschaftssalon und etlichen neuen Gebäuden errichtet werden. Die Anzahl der → *Badekarren* wurde auf 36 vermehrt. Gleichzeitig begann Georg Weigelt mit der Erforschung des Wetters, eine Aufgabe, die sein Sohn und Nachfolger weiterführte. Zwar wurde die Badeanstalt mit ihren Rechten 1861 an eine Gesellschaft in Kopenhagen verkauft, aber 1865 nach dem Staatswechsel von Dänemark zu Preußen wieder zurückerworben. Der ältere Georg Weigelt starb 1885, aber sein Sohn gleichen Namens führte die Badeanstalt und die Erforschung der Klimawerte weiter. Erst im Jahr 1909 ging das Bad in den Besitz des Fleckens Wyk über.

Westerlandföhr → *Osterlandföhr*

Wikingerzeit Fast gleichzeitig mit der Einwanderung von Friesen aus Holland im 8./9. Jahrhundert machten sich auch aus Skandinavien und Dänemark Wikinger auf und siedelten sich an der Nordseeküste an. Beide Völker, Friesen und Wikinger, haben sich dann miteinander vermischt und sind gemeinsam nach Britannien und anderen Ländern gesegelt, um Handel und Raub zu betreiben. Ein Münz-

fund am → *Goting* Kliff wird einem solchen Raubzug zugeschrieben. Weitere Bodenfunde und Gräber werden in die
Wikingerzeit datiert und auch die Borgsumer (Lembecks-)
Burg soll mit den Wikingern in Beziehung stehen. Angeblich soll es an der → *Godelmündung* einen Hafen gegeben
haben und ein Wattengebiet südlich von Föhr heißt noch
heute Nordmannsgrund.

Wildgänse Föhr war vor der Flurbereinigung und Entwässerung der → *Marsch* eine Insel der Wildgänse, die hier auf
dem Zug rasteten und für die → *Jagd* eine beachtliche Rolle
spielten. Insbesondere hielten sich in der herbstlichen
Zugzeit Unmengen von Kurzschnabelgänsen auf den
feuchten Marschwiesen auf. Sie sind heute fast ganz verschwunden. Dafür hat sich die Ringelgans stark vermehrt,
die früher im → *Watt* das Seegras äste, aber zum Ärger der
Landwirte seit einiger Zeit auch auf Wiesen und Getreide-
saaten binnen des Deiches einfällt. Auch die Graugänse,
früher auf Föhr unbekannt, sind häufig geworden und mit
einigen hundert Brutpaaren auf Föhr vertreten.

Witsum Das kleinste Föhrer Dorf liegt in landschaftlich idyl-
lischer Lage auf der → *Geest* über der → *Godelniederung*.
Ältere, aufgewehte Dünen haben Anlass zur Vermutung
gegeben, dass sich der Ortsname von dem weißen Sand
der Dünen ableitet, doch wird auch hier neuerdings ein
Personenname, Wibe Wibesheim, als wahrscheinliche
Namensgebung angenommen. Ungeachtet der wenigen
Häuser und Einwohner hat Witsum seine Selbstständigkeit bewahrt, kann aber keine eigentliche Gemeindevertre-
tung mit einem „Bürgermeister" bilden. Dafür wird hier
noch die Urform der Demokratie praktiziert, derart, dass
über die Geschicke des Ortes eine Einwohnerversamm-
lung bestimmt. Westlich von Witsum erhebt sich aus der
Godelmarsch ein – für Föhrer Verhältnisse – relativ hoher
Hügel, der 11,3 Meter hohe Sylvert.

Oben: Mit freiem Blick über die
Godelmarsch und über das Watten-
meer nach Amrum hat das kleine Dorf
Witsum die schönste Lage aller Dörfer
auf Föhr. Durch die teils von Salzflora
und unter Naturschutz stehenden
Wiesen fließt ein kleiner Bach – die
Godel.

Hinter den zusammengewachsenen
Ortschaften Wyk, Boldixum und
Wrixum öffnet sich die Weite der
Föhrer Marsch. Alle Häuser und Höfe
sind von hochgewachsenen Bäumen
umhüllt und vermitteln aus der Ferne
den Eindruck kleiner „Wäldchen".

Wögens → *Arfsten – Braren – Wögens*

Wrixum Wie das vorgenannte Dorf → *Witsum* soll sich Wrixum (fries. Wraksam) von einem männlichen Personennamen, „Wirik", als Gründer des Dorfes herleiten. Der historische Ortsbereich weist eine Anordnung der Häuser und Höfe auf, wie sie auch für andere Föhrer Dörfer typisch ist. Von einer durchgehenden Hauptstraße, dem Hardesweg, führen zahlreiche Straßen von der höheren → *Geest* zu einer Straße am Marschenrand (Ohl Dörp), an der sich jeweils ein oder zwei Gebäude befinden. Zu Wrixum gehört noch eine der vier Föhrer → *Mühlen*, ein Erdholländer, der aber nicht mehr in Betrieb ist. Durch rege Bautätigkeit ist Wrixum faktisch mit → *Boldixum* zusammengewachsen und sozusagen ein „Vorort" von → *Wyk*. Entsprechend ist auch der → *Fremdenverkehr* auf rund 70 000 Übernachtungen pro Jahr angewachsen.

Wyk Der Ortsname begründet sich auf die landschaftliche Lage. Wik ist ein nordisches Wort für „Bucht" (→ *Wikingerzeit*) und noch heute sagt man auf Föhr, friesisch und plattdeutsch „Ik go na de Wyk". Die Bucht, die Wyk, war früher unbesiedelt. Erst um 1600 erscheint Wyk in amtlichen Papieren, bezeichnenderweise mit einer Gastwirtschaft. Anno 1638 hatte Wyk aber schon 172, fünf Jahre später 223 Einwohner. Das „Goldene Zeitalter", → *Walfang* und Handelsseefahrt begünstigten das rasche Gedeihen des Ortes, denn Ab- und Anreise der Föhrer Seefahrer gingen über den → *Sandwall* von Wyk. Was lag näher, als hier einen regulären → *Hafen* zu bauen? Aber dagegen legte das Mutterdorf → *Boldixum* bzw. die Ratsmänner von → *Osterlandföhr* Widerspruch ein. Man befürchtete, dass ein Hafen die Schifffahrt mit Gebühren (Hafengeld) belaste und wies darauf hin, dass die bisherige Methode, über den Sandwall zu reisen und zu verladen, die billigste und zweckmäßigste sei. Ungeachtet der Proteste wurde der Hafen gebaut und begründete eine lang dauernde Feindschaft zwischen Föhr und dem Flecken Wyk. Um 1800 aber geriet der Ort in eine Krise. Infolge der Napoleonischen Kriegswirren wurden Walfang und → *Seefahrt* für Jahrzehnte lahmgelegt und Wyk konnte die Kosten der Hafenanlage nicht mehr bezahlen. Die Restsumme wurde erst 1924 abgelöst! Bereits im Jahr 1819 hatte der Gerichtsvogt M. C. von → *Colditz* das Seebad begründet. Aber die ersten Jahrzehnte waren geprägt von wirtschaftlichen Schwierigkeiten, zumal keine Staatshilfen bewilligt wurden. Erst in den Jahren von 1842 bis 1847 machte sich Wyk einen Namen, als der dänische König Christian VIII. mit Gemahlin und einem Teil seines Hofstaats Wyk als Sommerresidenz erwählte. Aber im Jahr 1848 starb der König und mit der Schleswig-Holsteinischen Erhebung gegen Dänemark begannen politische Unruhen, an deren Ende der Krieg von 1864 und der Staatswechsel standen. Schon vorher, 1857, wurde der Flecken von einem Großbrand getroffen, der über hundert Häuser vernichtete. Es folgte ein zweites Großfeuer 1869. Um diese Zeit hatte Wyk rund 200 Häuser und eine Einwohnerzahl von reichlich 1000, und der bisherige „Flecken" erhielt die „Kleine Städte-Ordnung". Im Jahr 1856 hatte Georg → *Weigelt* die Badeanstalt erworben, unter dessen Leitung ein bedeutender Aufschwung erfolgte. Durch die Besuche des dänischen Königshauses hatte Wyk einen Ruf erworben, der auch über den Staatswechsel hinaus wirkte und auch den preußischen Adel zum Besuch des Seebades animierte. 1883 wurde mit einem „Kinderhospiz" die Kindererholung begründet, 1889 eine Kapelle für katholische Kurgäste, 1894 ein Krankenhaus errichtet. Wenig später erhielt Wyk elektrische Beleuchtung und im Jahr 1908 konnte durch Professor → *Häberlin* das → *Friesenmuseum* eröffnet werden. Weitere Einrichtungen folgten, und es rundete sich

Oben: Wyk ist ein nordseegermanisches Wort für Bucht. Aber im Gegensatz zu den sehr alten Föhrer Dörfern, die im 8.–10. Jahrhundert gegründet wurden, blieb die Hafenbucht an der Föhrer Ostküste lange Zeit unentdeckt. Erst nach Anlage des Hafens folgte eine rasche Entwicklung. Die Gründung des Seebades im Jahre 1819 wies ganz neue Wege und heute ist Wyk einer der bedeutendsten Badeorte an deutschen Küsten.

Die „Häberlin-Straße" erinnert nicht nur an den berühmten Sohn dieser Stadt (siehe Seite 60/61), sondern auch an das alte Wyk mit seinen Giebelhäusern, die wohl für das in Landwirtschaft, Handwerk, Fischerei und Seefahrt eingebundene Inselleben, aber nicht für den Fremdenverkehr und für die Unterbringung von Kurgästen in Ferienzimmern gedacht waren.

das Bild einer Badestadt zunehmend ab. Im Jahr 1909 konnte auch die eigentliche Badeanstalt mit allen Rechten aus dem Besitz der Witwe Weigelt erworben und die Badekonzession über den → *Südstrand* bis zum Nordseesanatorium Dr. → *Gmelin* erweitert werden. 1924 erfolgte durch die Initiative des umsichtigen Wyker Bürgermeisters Dr. Meyer die Eingemeindung des Nachbardorfes → *Boldixum*, sodass die zunehmende Besiedlung des Geländes am Südstrand die weitere Entwicklung von Wyk bestimmte. Im Ersten Weltkrieg (1914–1918) blieb Wyk als eines der wenigen deutschen Küstenbäder für den → *Fremdenverkehr* geöffnet, musste aber doch einen spürbaren Rückgang des Besuches verzeichnen. Kritisch wurde es in den Jahren um 1930 während der Weltwirtschaftskrise, als sich die Besucherzahl halbierte und Konkurse die Folge waren. Im Lauf der 1930er Jahre stieg die Anzahl der Kurgäste, begünstigt auch durch die nationalsozialistische Ferienorganisation „Kraft durch Freude". Aber diese Zeit war geprägt von Aversionen gegen jüdische Gäste und gegen jüdische Familien in Wyk, wozu insbesondere die Familie Heymann gehörte. Nur deren Verdienste um die Stadt verhinderten das Schlimmste, die Deportation. Gegen Ende des Zweiten Weltkriegs machte sich auch in Wyk die drohende Niederlage der deutschen Wehrmacht bemerkbar. Tausende Flüchtlinge aus dem Osten strömten nach Wyk und wurden hier in leer stehende Heime und Privathäuser einquartiert. Der Fremdenverkehr konnte dann erst nach Umsiedlung der Flüchtlinge in andere Teile Deutschlands ab 1950 einen Neuanfang machen und entwickelte sich rasch im Zusammenhang mit dem „Wirtschaftswunder" in der 1948 gegründeten Bundesrepublik. Zunächst aber dominierte im ersten DM-Jahr 1949 in Wyk die Kindererholung. Den 3999 Kurgästen standen über 5000 Kinder gegenüber. Aber 1955, zwei Jahre nach dem Ende der

Umsiedlung, zählte Wyk schon über 20 000 Gäste mit über einer halben Million Übernachtungen. 1957 konnte ein Kurmittelhaus, 1970 ein Meerwasser-Hallen-Brandungsbad eröffnet und am Kurgarten ein geräumiger Veranstaltungssaal errichtet werden, während gleichzeitig eine rege Bautätigkeit von Wyker Bürgern zu einer Modernisierung der Ferienquartiere und – nach Ausweisung neuer Bebauungsgebiete – auch eine umfangreiche Vermehrung der Bettenkapazität erfolgte. Der Fähranleger wurde mit Fährbühnen zwecks bequemen Be- und Entladens der → WDR-Fähren erweitert und im Norden der Stadt auf einer ehemaligen Marschenfläche ein Gewerbegebiet ausgewiesen. In den Jahrzehnten des Baubooms und Modernisierungswahns hielten sich die architektonischen Fremdkörper in Wyk aber in Grenzen. Während drüben in Westerland auf → Sylt der historische, aus dem Kaiserreich stammende Ortskern der Bäderarchitektur nahezu restlos plattgemacht wurde, blieb das Panorama von Wyk mit nur einigen Ausnahmen erhalten, ebenso das Innere der Stadt, wo kopfsteingepflasterte Gassen mit ihren kleinen Giebelhäusern unverändert heimatliche Gemütlichkeit vermitteln.

Wyker Dampfschiffs-Reederei (WDR) Fährschiffe – die Lebensadern der Inseln im Wattenmeer – fahren hin und her. Zwischen dem Festlandshafen Dagebüll, dem Fähranleger → Wyk und der seewärts liegenden Insel → Amrum sind stündlich die Fähren der Wyker Dampfschiffs-Reederei unterwegs, nehmen Ströme von Reisenden und von Kraftfahrzeugen auf oder lassen diese an Land. Die in Wyk beheimatete Reederei, kurz WDR genannt, ist die größte Reederei an der schleswig-holsteinischen Westküste, Beherrscherin des Verkehrs zu Wasser (Fähren und Ausflugsschiffe) und zu Land (Linien-Busse) auf Föhr und auf der Nachbarinsel Amrum. Ebenso dominiert sie den Fähr-

Raddampfer und Badekarren: Als die Sommerfrische an der See noch in den Kinderschuhen steckte, war Wyk auf Föhr schon Seebad. Die anfänglichen Schiffsverbindungen mit dem Seebad Wyk gingen nicht nur von Dagebüll, sondern auch von Husum aus, wie das Plakat von 1888 verrät.

Auch konkurrierten neben der Wyker Dampfschiffahrts-Reederei noch weitere Schiffslinien miteinander. Der Fahrplan zeigt aber auch die Tidenabhängigkeit des Schiffsverkehrs mit den täglich wechselnden Abfahrtszeiten.

verkehr zu den → *Halligen* Hooge und Langeneß. Die WDR wurde im Jahr 1885 gegründet und musste sich zunächst einem robusten Wettbewerb mit anderen Linien zwischen Husum, Dagebüll und Wyk stellen. Gründer der WDR war der Kapitän Steffen Heinrich Boetius. Zunächst übernahm die neue Reederei den Dampfer „Föhr-Dagebüll" einer Konkurrenz-Reederei und gab dann 1886 bei der Werft Howaldt in Kiel einen neuen Dampfer, die erste „Nordfriesland" in Auftrag. Gleichzeitig bezog die WDR in ihren Linienverkehr auch die Nachbarinsel Amrum ein und eroberte sich damit eine Stellung, die sich bald rentieren sollte. In den letzten 1880er Jahren war mit Amrum noch nichts zu verdienen. Aber ab 1890 wurden auch auf der Nachbarinsel Seebäder gegründet (Wittdün, Satteldüne und in Norddorf) und der Personenverkehr errang bald beachtliche Zahlen. Zwar gab es mit der Hamburger Nordseelinie, Direktor Albert Ballin, während der Sommersaison noch eine Konkurrenz. Aber diese Seebäderlinie wurde im Jahr 1901 nach Hörnum umgeleitet und ab 1922 übernahm auch hier die WDR die Zwischenlinie nach Amrum. Seereisen gehörten ungeachtet der dabei oft erlittenen Seekrankheit seinerzeit zum „guten Ton" im Deutschen Kaiserreich. Aber als sich die Eisenbahnverhältnisse auf dem Festland verbesserten – 1887 wurde die Marschenbahn von Hamburg nach Tondern verlängert und 1895 eine Kleinbahn von Niebüll nach Dagebüll angelegt – stiegen die Reisenden zu den Bäderinseln zunehmend auf die schnellere und bequemere Eisenbahn um. Von den Dampfern aus der Anfangszeit war die „Föhr-Amrum" fast 50 Jahre im Dienst. Erst Mitte der 1950er Jahre erfolgte mit der „Uthlande" eine ganz neue Klasse von Fährschiffen und bald darauf, ab Mitte der 1960er Jahre die Entwicklung zu den kombinierten Personen- und Autofähren, nachdem sich der Autoverkehr nach Föhr und Amrum,

Oben: Die Wyker Dampfschiffs-Reederei, gegründet im Jahr 1885, ist die größte Reederei an der schleswig-holsteinischen Westküste. Die zunächst noch kleinen, gemütlichen Dampfer entwickelten sich entsprechend dem Fremdenverkehr und dem Autotransport zu den heutigen Fähren, die stündlich auf der Linie Dagebüll–Wyk–Wittdün verkehren.

Wenn in strengen Eiswintern die WDR-Dampfer nicht mehr fahren konnten, machten sich die Besatzungen mit dem „Eisboot" auf den Weg (unten).

früher nur mit einzelnen Fahrzeugen, zu einem regelrechten Strom in wenigen Jahren entwickelte. Die „Nordfriesland VI", 1966 in Husum auf Kiel gelegt, konnte neben 800 Passagieren schon 25 Autos befördern. Und diese Entwicklung setzte sich fort. Im Jahr 2010 wurden im Linienverkehr Föhr-Amrum-Halligen fast zwei Millionen Personen und rund 327 000 Kraftwagen befördert. Im Jahr 2011 wurde dann ein ganz neuer Typ von Fährschiffen in den Dienst gestellt, die Fähre „Uthlande", die bis zu 1200 Passagiere und 75 Autos befördern kann. Entsprechend dieser Entwicklung wurden auch die Fähranleger von Dagebüll, Wyk und Wittdün ausgebaut. Mit über 170 Mitarbeitern ist die WDR der größte Arbeitgeber auf Föhr und Amrum.

Über Föhr gibt es eine Fülle von Schrifttum zu historischen Themen, Geschlechterreihen, Dorfchroniken usw., sodass hier nur eine kleine Auswahl genannt werden kann. Sämtliche Föhr-Literatur ist in der Bibliothek der Ferring Stiftung in Alkersum zu finden.

Arfsten, Reinhard – Föhrer Vogelbuch – Wyk 1957

Bohn, Harro – Nieblum (Dorf-Chronik) – Husum 1998

Bordel, Reinhard – Hedehusum (Dorf-Chronik) – Bredstedt 1989

Braren, Johann – Chronik des Dorfes Oevenum auf Föhr – Wyk 1988

Braren, Lorenz – Geschlechterreihen St. Laurentii-Föhr – Husum 1980

Braun, Heide – Chronik der Gemeinde Wrixum – Wrixum 2007

Dethlefsen, Gerd-Uwe – 100 Jahre Wyker Dampfschiffs-Reederei – Wyk 1984

Falk, Fritz – Die Seefahrer von St. Johannis-Föhr – Bredstedt 1984

Häberlin, Carl – Chronik des Seebades Wyk – Wyk 1919

Häberlin, Carl – Die nordfriesischen Salzsieder – Wyk 1934

Hansen, Karin – Der Flecken Wyk auf der Insel Föhr – Husum 2010

Hegering Föhr – Hundert Jahre Hegering Föhr – Husum 1990

Hinrichsen, Arfst M. – Chronik des Dorfes Borgsum – Borgsum o.J.

Hinrichsen, Hinrich C. – Auswanderung von Föhr und Amrum nach Amerika. Friesisches Jahrbuch 1961

Koops, Heinrich – Kirchengeschichte von Föhr – Husum 1986

Koops, Wilhelm – Wyker Gezeiten – Husum 2010

Krüger, Hans und Leipersberger-Nielsen – Landwirtschaft auf der Nordseeinsel Föhr – Heide 1979

Kürtz, Jutta und Hans Joachim – Föhr – Hamburg 2010

Lorenzen, Karl-Heinz – 650 Jahre Utersum (Dorf-Chronik) – Husum 2009

Lüden, Walter – Föhrer Seefahrer und ihre Schiffe – Heide 1989

Lüden, Walter – Redende Steine (Alte Grabsteine) – Hamburg 1984

Quedens, Georg – Föhr – Breklum 17. Auflage 2005

Quedens, Georg – Strand und Watt – München 1983 9. Auflage 2009

Reinke, Hans-Dieter – Föhr. Ellert & Richter Reiseführer – Hamburg 2012

Roeloffs, Brar C. – Von der Seefahrt zur Landwirtschaft – Neumünster 1991

Roeloffs, Brar C. – Broder Riewerts – Neumünster 1991

Roeloffs, Brar C. – Bauern, Seefahrer und Auswanderer von der Insel Föhr – Husum 2006

Schirren, Carl/Nordenflycht, Olga v. – Frederik Paulsen – Neumünster 2008

Tholund, Jakob – Ein Friese geht nicht verloren (Frederik Paulsen)

Zacchi, Uwe und Pump, Günter – Wyk auf Föhr – Heide 1994

Autor

Georg Quedens, geb. 1934 in Norddorf auf Amrum, lebt auf seiner Heimatinsel als freiberuflicher Schriftsteller und Fotograf. Er verfasste zahlreiche Bücher zur Geschichte und Natur der nordfriesischen Inselwelt, über die Nordsee und das Wattenmeer sowie Beiträge zu diesem Themenkreis in Natur- und Jagdzeitschriften. Im Ellert & Richter Verlag erschienen von ihm unter anderem „Nordsee Mordsee", „Was man über Friesenhäuser wissen sollte" und „Weltnaturerbe Wattenmeer". Für seine Verdienste um den Naturschutz und seine Regionalforschung zur Geschichte und Natur der Nordfriesischen Inseln wurde er 1999 mit dem Frederik-Paulsen-Preis der Ferring Stiftung, im Jahr 2004 mit dem Mommsen-Preis des Kreises Nordfriesland und 2009 mit dem Bundesverdienstkreuz der Bundesrepublik ausgezeichnet.

Impressum

Bibliografische Information der Deutschen Bibliothek
Die Deutsche Bibliothek verzeichnet diese Publikation in der
Deutschen Nationalbibliografie; detaillierte bibliografische
Daten sind im Internet über http://dnb.ddb.de abrufbar.

© Ellert & Richter Verlag GmbH, Hamburg 2012

ISBN 978-3-8319-0470-9

Alle Bilder von Georg Quedens, Norddorf, außer: S. 49 o. und
S. 81 (Fotoarchiv Dr.-Carl-Häberlin-Friesen-Museum, Wyk);
S. 60 u. und S. 113 u. (Ferring Stiftung, Alkersum)

Lektorat und Redaktion: Claudia Schneider, Hamburg
Gestaltung: BrücknerAping Büro für Gestaltung GbR, Bremen
Lithografie: SMS Scheer Medien Service GmbH, Bremen
Gesamtherstellung: CPI books GmbH, Leck
www.ellert-richter.de

Titel: Walkiefertor vor dem Altföhrer Haus am Friesenmuseum in Wyk; Grabstein auf dem Friedhof St. Laurentii
(siehe S. 76); Rückseite: Borgsumer Mühle (siehe S. 98ff.)